KB254070

바로간다
신한은행

바로간다 신한은행

초판 1쇄 발행 | 2016년 2월 22일

지 은 이 | 유상호, 이재호
발 행 인 | 김영희
기   획 | 신현숙, 하순영
마 케 팅 | 권두리
편   집 | 최은정, 변호이, 김민지
디 자 인 | 김은환, 한동귀, 문강건, 박성민
발 행 처 | (주)에프케이아이미디어(**프리이코노미북스**)
등록번호 | 13–860호
주   소 | 150–881 서울특별시 영등포구 여의대로 24 FKI타워 44층
전   화 | 출판콘텐츠팀 | 02–3771–0435, 영업팀 | 02–3771–0245
홈페이지 | www.fkimedia.co.kr
팩   스 | 02–3771–0138
E – mail | drkwon@fkimedia.co.kr
I S B N | 978–89–6374–209–0 13320
정   가 | 1만 1,000원

◈ 낙장 및 파본 도서는 바꿔 드립니다.

◈ 이 책 내용의 전부 또는 일부를 재사용하려면 반드시 FKI미디어의 동의를 받아야 합니다.

◈ 내일을 지키는 책 FKI미디어는 독자 여러분의 원고를 기다립니다. 책을 엮기 원하는 아이디어가 있으면
  drkwon@fkimedia.co.kr로 간략한 개요와 취지를 연락처와 같이 보내주십시오.

이 도서의 국립중앙도서관 출판예정도서목록(CIP)은 서지정보유통지원시스템 홈페이지(http://seoji.nl.go.kr)와
국가자료공동목록시스템(http://www.nl.go.kr/kolisnet)에서 이용하실 수 있습니다. (CIP제어번호 : CIP2016001598)

바로취업 시리즈 ⑫

바로 간다

베스트 애널리스트의 분석과
취업멘토 교수의 가이드

신한은행

유상호·이재호 지음

프리이코노미북스

취업에 왕도는 없지만
바른 길은 있다

사실 취업 준비에 왕도王道가 있을까 싶습니다. 준비한 내용은 같아도 면접관의 성향이나 기호에 따라 그리고 지원자의 당일 컨디션에 따라 당락의 결과가 달라지기도 하는 것이 취업이기 때문입니다. 하지만 면접과정이 다면화·다층화될수록 이런 운運의 요소는 점점 희박해지게 됩니다. 최근 주요 대기업들은 선발의 변별력을 높이기 위해 인·적성 테스트 도입은 물론 자소서를 직무에세이 형식으로, 면접을 합숙 형태의 집합면접으로 전환하였습니다. 여러분도 당연히 이런 채용 프로세스가 탈脫스펙을 위한 것임을 잘 알고 계실 겁니다. 하지만 탈스펙을 위해서 무엇이 가장 필요한지에 대한 인식은 부족한 것 같습니다. 사진, 어학점수, 자격증, 수상 경력, 교환학생 경험 등과 같은 것을 안 본다면 과연 무엇으로 지원자의 역량을 평가할 수 있다고 생각하시는지요?

결국 서면書面과 대면對面 과정에서 지원자의 간절함과 준비 상태로 판단할 수밖에 없습니다. 간절함이란 먼 길을 함께 가도 좋겠다는 확신을 주는 것이고, 준비 상태란 희망 회사에 지원하기 위해 구체적으로 얼마나 많은 고민과 탐구활동을 했는가에 의해서 결정됩니다. 그래서 집합면접장에 들어가면 상황 케이스를 주고 전략이나 아이디어를 도출해보라는 질문이 빈번하게 출제됩니다. 사실 전문가도 이런 질문을 제한된 짧은 시간에 소화하기 어렵습니다. 해법은 면접관이 무엇을 기대하는지를 간파하는 데 있습니다. 입사를 위해 많은 고민을 해봤다면 그래도 '나름의 답을 하지 않을까'라는 면접관의 기대를 충족시키는 것 말입니다.

그래서 취업을 제대로 준비하기 위해서는 기업에 대한 이해가 전제되어야 합니다. 시간에 쫓기다 보면 기업 분석의 필요성은 인정하지만 엄두가 나질 않는다는 생각이 드실 겁니다. '급할수록 돌아가라'는 속담이 있습니다. 급하면 무엇을 해도 몰입할 수 없다는 의미일 것입니다.

본 기업분석 시리즈는 취업 포털의 채용 공고문을 확인하는 순간부터 시작해도 전혀 무방합니다. 서류 심사에서 최종 면접까지 1개월에서 2개월의 기간 동안 본서를 활용하는 것에 시간적 부족함을 느끼지 않을 것입니다. 1장 산업 파트만 읽어도 기업을 분석하는 것에 대한 막연함에서 벗어날 수 있습니다. '멘토의 팁'과 '관련 자료 찾아보기' 코너를 곁들인 이유가 바로 여기에 있습니다. 애널리스트의 친절한 설명과 멘토의 가이드를 따라가다 보면 어느새 회사를 보는 안목이 생기는 것을 깨닫게 될 겁니다. 면접관이 무엇을 중요하게 생각하는지 알게 되므로, 자소서에 어떤 소재를 활용해야 할지 면접에서 어떤 부분을 언급하고 강조해야 할지 자연스럽게 알게 됩니다. **왕도는 없다고 했지만 바른 길은 있습니다. 바로 가는 취업을 원한다면 지금 바로 첫 페이지를 펼쳐보시기 바랍니다.**

고객이 최우선인 글로벌 금융, 신한은행에 지원하려면…

은행에 취업하기 위해서는 금융 관련 자격증 취득이 중요하다. CPA, AICPA, CFA 자격증이 갖춰져 있다면 금융 관련 지식이 많다고 인정하고 가점을 받을 수 있을 것이다. 하지만 관련 자격증을 따지 않아도 **각종 경제지, 금융 데이터 등을 통해 은행에서 필요로 하는 지식과 정보를 습득**할 수 있는 방법은 다양하다. 필자는 한국은행에서 분기마다 발간되는 〈금융안정보고서〉를 읽어보기를 추천한다. 왜냐하면 이 보고서에는 우리나라의 경제지표, 제조업 경기, 은행, 증권, 보험, 저축은행의 경기 흐름 등이 잘 분석되어 있어 금융업에 대한 전반적인 지식을 습득하기에 좋기 때문이다.

금융업은 회계 기준이 제조업과 다르다. 따라서 기존 회계 지식으로는 은행 회계를 이해하기 어려울 수 있는데, 이와 관련해서는 자본시장에서 활동하는 애널리스트의 보고서를 참고해보면 좋을 것이다. 금융감독원에 『은행 회계 해설』이라는 책자가 있지만 처음 접하는 이로서는 이해하기 어려울 수 있으니, 애널리스트의 보고서를 통해 감각을 익히는 것이 더 좋은 방법이라 생각된다.

은행과 관련된 시계열 데이터는 금융감독원의 '금융통계정보'라는 사이트를 통해 알아볼 수 있는데, 은행뿐만 아니라 우리나라 모든 금융사의 재무제표 데이터가 요약·정리되어 있어 한눈에 살펴볼 수 있다. 과거 우리나라 은행의 대출성장률 지표, 순이자마진 지표, 자산건전성 지표 등을 살펴보면 도움이 될 것이다.

한편, **은행업은 각 금융업의 개별적인 이슈보다는 거시환경을 따라 펀더멘털과 주가가 변화하는 산업이기 때문에 거시경제에 대한 이해도가 높을수록 취업에 유리할 것**으로 판단된다. 따라서 최근 사회적으로 이슈가 되고 있는 가계부채 리스크, 좀비기업, 미국의 금리인상, 유럽의 양적완화 등의 이슈에 대해 조금이나마 관련 지식을 습득하는 것도 좋을 것으로 판단된다.

마지막으로 은행 취업에서 금융과 거시경제 관련 지식 못지않게 중요하게 보는 것이 개인의 인성이다. **은행은 제조업 또는 다른 금융업과 달리 보수적인 성향을 가지고 있기 때문에 개성이 강한 것보다는 조직에 얼마나 잘 융화할 수 있는지를 중요하게 생각한다.** 은행은 개인의 아이디어 또는 능력보다는 시스템에 의해 운영되는 성향이 강하기 때문이다. 이러한 점을 참고해 면접을 준비한다면 좋은 결과를 기대할 수 있을 것이다.

목차

CHAPTER 01 산업: 공익과 주주의 이익 사이, 만족할 지점을 찾다

01 금융산업의 분류와 국내 금융업 성장사

멘토의 팁 » 은행의 수익원 발굴 영역 탐색하기

관련 자료 » 검색 키워드, '은행의 새로운 수익원'

02 은행의 수익 구조 특성

멘토의 팁 » 은행산업의 기본 특징 알아보기

 경영 이슈: 기술 발전과 금융위기가 가져온 변화

01 뉴노멀 환경을 극복하기 위한 노력

02 높아진 은행 대출문턱과 소비자 불만 _108

CHAPTER 05 문화: 1등 금융사, '신한이 하면 다르다'

한눈에 본다, 신한은행

1897
한성은행 창립

1918
동경지점 개점
(최초 해외지점)

1943
한성은행과 동일은행을
합병하여 조흥은행으로
행명 변경

1945
국토 분단으로 38선 이북에
소재한 평양, 함흥, 해주 지점 등
12개점 상실

2004
금융감독원 평가, '민원발생 최저 은행' 3연속 선정
국내 최고 신용등급 AAA 획득
(한신평, 한신정, 한기평)

2003
미국 연방준비제도이사회(FRB)
로부터 미국 내 은행지주회사
(bank holding company) 자격 취득

2006
신한·조흥은행 합병본인가 취득
국내 은행 최초 사회책임보고서 발간

2007
미국 현지 은행, NANB
(North Atlanta National Bank) 인수

2009
신한은행 최초의 여성전용 'Mint레이디클럽' 시행
일본현지법인 SBJ은행, 도쿄 개점

2008
은행권 최초,
신한 PB 원격거래서비스 시행
KT와 협약, '홈 ATM 서비스' 제공

2010
국민연금공단 국내·해외 자산 국내 수탁은행 1위 선정
신한베트남은행 하노이지점 영업 개시
금융분야별 일등인재 육성 위한 '신한금융사관학교' 개교
KOICA와 해외 사회공헌활동 및 대외 무상원조활동 협약 체결

1956
증권거래소 상장주식 제1호로
상장(코드번호 00010)

1960
금융권 최초로 노동조합 창설

1963
외국환업무 취급 개시

1982
신한은행 창립
(초대 은행장 森世扁)
신용카드업무 개시

1989
기업공개

1991
신한리스 설립

1992
조흥투자자문㈜ 인수

2000
지주회사 설립을 통한
종합금융그룹화 계획 발표

1999
4억 달러 해외 GDR 발행
충북은행과 합병
강원은행과 합병

1998
P&A 방식으로
동화은행 인수

1996
재단법인
조흥백년재단 설립

2012
은행권 최초 '서민금융 점포' 개설
프리미엄 브랜드지수 PB부문 1위
글로벌 500대 금융 브랜드 선정

2014
제1회 대한민국 퇴직연금대상
은행부문 대상 수상
기술금융 지원 실적 1.5조 원 돌파
신한은행–캠코
'금융소외계층 재무상담' 협약

2011
제16회 중소기업 금융지원 대통령
표창 수상
국가고객만족도조사 은행부문 1위
선정

2013
스마트퇴직연금센터 오픈
신한데이터센터 준공

1. 그룹사

신한금융지주회사
SHINHAN FINANCIAL GROUP
신한카드
SHINHAN CARD
신한캐피탈
SHINHAN CAPITAL
신한아이타스
신한금융투자
제주은행
신한프라이빗에쿼티투자자문
신한생명
SHINHAN LIFE
신한저축은행
신한신용정보
SHINHAN CREDIT INFORMATION
신한 BNP 파리바
자산운용
신한데이타시스템

신한은행
SHINHAN BANK
신한아주금융유한공사   100%
아메리카신한은행   100%
유럽신한은행   100%
신한크메르은행   90%
신한카자흐스탄은행   100%
신한은행(중국)유한공사   100%
캐나다신한은행   100%
SBJ 은행   100%
신한베트남은행   100%

2. 자회사

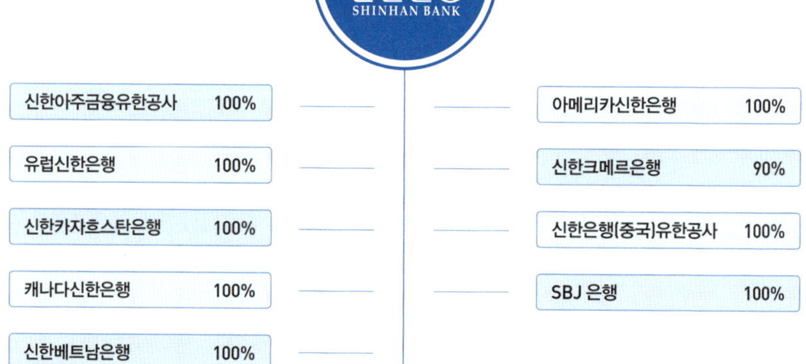

3. 글로벌(해외영업점)

: 16개국 69개 네트워크

[지점 7개, 현지법인 9개, 단독법인 포함 법인지점 59개, 대표사무소 3개]

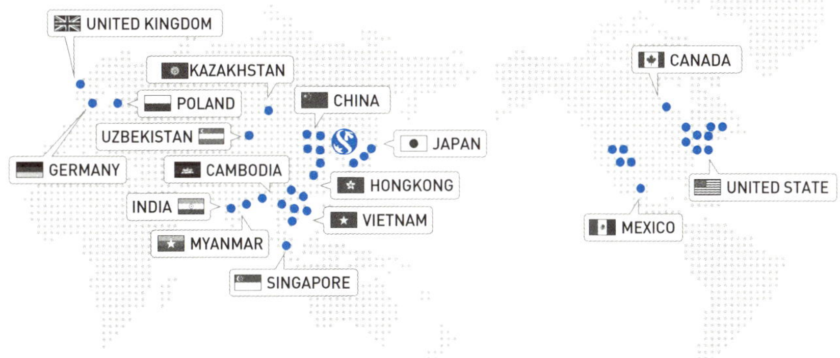

'브랜드대사' 제도를 활용하자

신한은행은 인턴제도를 운영하고 있지는 않으나, 은행장이 직접 매년 총 200명 규모의 브랜드대사(홍보대사, 기자단)를 임명하여 온·오프라인 대외 홍보활동, 특강 개최, 문화공연 관람, 동아리 지원, 여행기 공모전 등을 자체적으로 수행할 수 있도록 활동비 지급과 해외 문화탐방, 공채전형 시 우대 등 특전을 부여한다. 자율적인 참여와 활동을 보장하여 실무형 인턴제도의 단점인 단순반복 업무 수행, 스펙화를 방지하고 다양한 경험을 바탕으로 미래형 인재로 성장할 수 있는 기회를 제공하고 있다.

S20 기자단

- **모집시기**: 연 2회 (모집공고 기준 매년 6월, 12월 中)
- **지원자격**: 대학생 누구나(단, 활동기간 중 4학년 2학기 제외)
- **선발절차**: 원서접수(www.s20.co.kr) → 서류전형 → 면접전형 → 최종 합격자 발표
- **활동혜택**: 매월 활동비 지급
- **활동우수자**: 해외문화탐방 실시 및 입행전형 시 우대
- **주관부서**: 신한은행 기관고객부

신한 대학생 홍보대사

- **채용시기**: 연 2회 (모집공고 기준 매년 6월, 12월 中)
- **지원자격**: 국내 대학 재학생(단, 활동기간 중 4학년 2학기 및 타 금융권 홍보대사 중복활동 불가)
- **선발절차**: 원서접수(www.s20.co.kr) → 서류전형 → 면접전형 → 최종 합격자 발표
- **활동혜택**: 매월 활동비 지급
- **활동우수자**: 해외문화탐방 실시 및 입행전형 시 우대
- **주관부서**: 신한은행 홍보부

산업:
공익과 주주의 이익 사이, 만족할 지점을 찾다

은행산업은 일반 기업과 달리 주주의 이익과 공익을 모두 극대화할 수 없다는 딜레마 안에서 수익을 창출해야 합니다. 경제시스템에 반드시 필요한 '자금순환'이라는 공공재 공급 역할을 담당하고 있기 때문입니다. 또 경기변동에 따른 기업 업황에도 영향을 많이 받습니다. 우리나라 은행산업은 100년이 훨씬 넘는 성장과정을 거쳤고, 수많은 통폐합 과정을 거치며 오늘에 이르렀죠. 은행산업의 전반적인 특징과 국내 은행의 현황을 짚어봅시다.

01

금융산업의 분류와
국내 금융업 성장사

국내 금융산업의 분류

국내 금융산업은 제1금융권과 제2금융권, 그리고 비제도권 금융권으로 구별이 되는데, 여기서 은행업은 제1금융권으로 분류된다. 제2금융권은 증권, 보험, 저축은행, 투자신탁회사, 새마을금고, 신협 등 은행을 제외한 제도권 금융업이다. 비제도권 금융권은 대부업, 사채 등이 포함된다. 국내 은행업은 다시 일반 은행과 특수 은행 두 가지로 분류된다. 우선 일반 은행은 전국을 영업 대상으로 한국은행법과 은행법의 규제를 받는 시중 은행, 그리고 지방 도시에 본점을 두고 그 지역의 가계, 기업을 대상으로 영업을 하는 지방 은행으로 분류되며, 특수 은행은 산업은행, 기업은행 등과 같이 특수 목적을 가지고 설립된 은행을 말한다.

현재 국내 일반 은행은 국민은행, 신한은행, 우리은행, 하나은행, 외

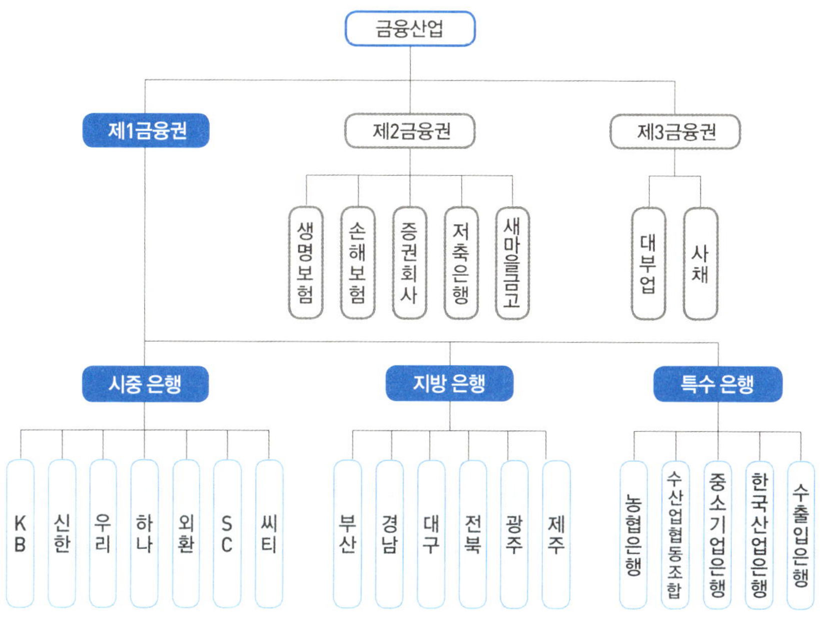

자료: 금융감독원

환은행, 씨티은행, SC은행 등 7개의 시중 은행과 부산은행, 경남은행, 대구은행, 광주은행, 전북은행, 제주은행 등 6개의 지방 은행으로 구성되어 있다. 또한 특수 은행은 농협은행, 수산업협동조합, 중소기업은행, 한국산업은행, 수출입은행 등 5개 은행으로 구성되어 있다. 마지막으로 국내 은행 중 유가증권시장에 상장되어 있는 은행은 시중 은행 1개(우리은행), 지방 은행 3개(제주은행, 경남은행, 광주은행), 특수 은행 1개(기업은행)이며, 은행을 자회사로 두고 있는 6개의 금융지주회사(KB금융, 신한금융, 하나금융, BNK금융, DGB금융, JB금융)다.

우리나라 은행산업의 역사

국내 은행산업의 역사는 5단계로 분류할 수 있는데, ①처음 은행이 설립되었던 태동기, ②광복 이후의 체제 정비기, ③1980년대의 은행산업 발전기, ④외환위기에 따른 구조조정 시기, ⑤그리고 지금의 종합금융회사의 시대다.

a. 태동기: 최초의 은행부터 중앙은행 설립까지

우리나라의 은행산업은 한일합방 이전부터 시작되었으며, 최초의 은행은 조흥은행의 전신인 한성은행으로 1897년에 설립되었다. 그 이전에도 근대적 개념의 은행은 있었지만 일본 자본에 의해 설립된 것이었으며, 지금은 신한은행에 합병된 한성은행이 최초의 민간자본으로 설립된 은행이다. 이후 1899년 우리은행의 전신인 대한천일은행이 두 번째 은행으로 설립되어 본격적인 은행업이 시작되었다. 광복 이후 한국은행법이 공포되고 중앙은행이 설립되었으며, 최초의 은행 설립 이후 중앙은행 설립 시기까지를 국내 은행산업의 태동기로 구별할 수 있다.

b. 체체 정비기: 광복 이후부터 1980년까지

광복 이후 1950년부터 1980년까지를 은행산업의 체제 정비기로 볼 수 있다. 이 기간 동안 국민은행, 주택은행 등 많은 수의 민간자본 은행과 지방에 근거를 둔 지방 은행이 설립되었다. 또한 기업은행, 외환은행, 수출입은행 등 특수 목적의 은행도 설립되어 은행산업의 본격적인 틀이 만들어진 시기다.

c. 은행산업 발전기: 1980년부터 외환위기 발생 전까지

1980년부터 외환위기 발생 이전까지를 은행산업의 발전기로 보고 있는데, 좀 더 많은 민간자본의 은행이 설립되고 시장경쟁이 시작된 시기다. 또한 전국은행연합회가 발족되고 소비자의 예금을 보호하기 위해 예금보험공사가 설립되었다. 이 기간 동안 국내를 비롯해 전 세계의 금융산업은 규제완화의 진전에 따라 많은 은행이 설립되고 성장이 가속화되었다.

d. 외환위기와 함께 찾아온 강도 높은 구조조정의 시기

1997년 외환위기가 발생하면서 국내 은행은 강도 높은 구조조정을 경험하게 되었다. 우선 외환위기 이후 2003년까지 5개 은행이 자산부채 이전을 통해 문을 닫게 되었고, 10개 은행이 다른 은행과 통합되었다. 당시 구조조정은 은행권에만 해당되는 것은 아니었는데, 771개의 비은행권 금융기관이 정리되었고 152개의 비은행권 금융기관이 영업정지를 당하기도 하였다. 당시 은행의 부실은 외환보유고 부족 및 환율 상승 등에 따른 대기업 부실의 결과로 볼 수 있는데, 특히 대기업여신을 담당하는 대형 상업은행의 부실 정도가 컸다. 상업은행, 한일은행, 조흥은행, 외환은행 등 국내 은행산업 시초기에 설립되어 산업의 초석을 만들어온 대부분의 은행이 부실화되어 매각 및 합병 등에 의해 정리되었다.

e. 종합금융화 시기: 외환위기 이후부터 현재까지

외환위기 이후부터 현재까지를 은행의 종합금융화 시기로 분류한다. 이 시기에는 외환위기 동안 대기업여신을 담당했던 대형 은행이 사라졌고, 주로 소매금융 또는 중소기업여신을 담당하던 은행들이 부실화된 은행들을 인수하면서 대형화되었다(당시 신한은행, 하나은행은 주로 중소기업여신에 특화된 작은 은행이었다. 이 은행들은 대기업여신이 주로 상업은행, 한일은행, 조흥은행, 외환은행 등 대형 은행에 집중되어 있다 보니, 외환위기 동안 부실여신으로부터 벗어날 수 있었다. 그 결과 부실화된 은행을 인수할 수 있는 기회가 생겨 신한은행은 조흥은행을, 하나은행은 서울은행을 인수하면서 대형 은행으로 성장할 수 있었다). 또한 기존 대출 업무 이외의 다양한 업무를 영위해 이익을 다각화하고자 금융지주회사를 설립하고 신용카드, 증권, 보험 등 다양한 비은행 자회사를 인수 또는 설립하는 노력이 이루어졌다. 물론 이 시기 동안 '신용카드 대란'과 '서브프라임 사태'가 발생했지만, 외환위기 때처럼 은행의 부실로 이어지지는 않았다. 이는 외환위기의 경험을 통해 규제를 정비하고, 은행의 자본과 건전성 관리 노력이 지속되어 왔기 때문이다.

더 알아보기 1

• 은행의 재무제표와 수익성 지표

은행은 자금을 단기(부채–예금)로 조달하고 장기(자산–대출)로 운용하면서 수익을 창출한다. 수익원의 근본은 자산–부채의 듀레이션Duration 차이와 신용리스크 프리미엄이다. 여기서 신용리스크 프리미엄은 은행이 대출을 운용하면서 신용차주의 신용리스크를 감안해 미래에 발생할 수 있는 손실에 대비해 마진을 미리 책정하는 부분이다. 신용리스크 프리미엄에 상반되는 요인은 대손충당금인데, 이는 실제 대출을 운용하면서 신용차주의 부실이 발생해 대출 회수가 안 되고 손실이 발생하는 경우다. 이렇듯 은행의 수익창출 구조를 도식화하면 다음과 같다.

> 은행 수익 = 자산 – 부채 듀레이션 갭 + 신용 프리미엄 – 대손충당금

이를 좀 더 쉽게 설명하면 다음과 같다.

> ① 자산 – 부채 듀레이션 갭 + 신용 프미리엄
>   = 대출이자 수익 – 예금이자 비용 = 이자이익
> ② 이자이익 – 대손충당금 = 영업이익

은행의 손익계산서는 다음과 같이 이루어져 있다.

> A. 이자이익(대출이자 수익 – 예금이자 비용)
>
> B. 비이자이익(수수료 이익, 기타 이익)
>
> C. 총영업이익(이자이익 + 비이자이익)
>
> D. 판매관리비
>
> E. 대손충당금 적립 전 이익(총영업이익 – 판매관리비)
>
> F. 대손충당금

G. 세전이익(대손충당금 적립전이익 – 대손충당금)

H. 법인세

I. 당기순이익(세전이익 – 법인세)

은행의 수익성 지표 가운데 가장 많이 쓰이면서 중요한 것은 순이자마진(NIM, Net Interest Income)이다. NIM은 이자이익을 창출하는 단위당 자산이 얼마나 수익성을 일으켰는지의 지표로서 제조업의 영업마진Operating Margin과 같은 의미다.

$$NIM = (이자이익 – 이자비용)/이자이익을 창출하는 자산$$

보통 NIM은 금리가 상승하면 개선되고 금리가 하락하면 약화되는데, 이는 자산부채의 듀레이션 차이 때문이다. 은행은 단기로 자금을 조달해 장기로 운영하기 때문에 자산의 듀레이션이 부채보다 길지만, 이는 만기 듀레이션일 뿐 실제 시장금리에 반응하는 듀레이션은 반대다. 이는 예금은 1년 만기 동안 고정금리로 이자가 지급되는 반면, 대출은 3개월~1년마다 금리가 변하는 변동금리 대출이 대부분이기 때문이다.

한국은행의 기준금리가 25bp* 인상되어 시장금리(국고채, 금융채, CD금리 등)가 25bp 상승하면 은행의 순이자마진은 연간 5bp 정도 개선되고, 기준금리가 인하되면 그만큼 순이자마진이 악화된다.

*bp(basis point): 국제 금융시장에서 금리나 수익률을 나타내는 데 사용하는 기본 단위로서, bp는 1%의 금리 구간을 100개로 나눈 단위다. 6bp가 내렸다면 1%의 100분의 6이 내렸다는 뜻. 1bp는 0.01%포인트이고, 가령 3.45%포인트는 345bp라고 읽는다.

 **은행의 새로운 수익원 발굴과 관련된 영역을 잘 탐색해봅시다.**

NIM은 은행의 수익성을 평가하는 가장 중요한 잣대로 사용되어 왔습니다. 하지만 최근 초저금리 기조가 장기화하면서 NIM의 의미도 점차 퇴색되는 분위기입니다. 초저금리 구조하에서는 더 이상 예대마진으로 수익을 내는 것이 쉽지 않고, 이에 따라 은행 간 이자경쟁력도 저하되었기 때문입니다. 쉽게 설명하자면 이자로 돈을 버는 시대가 지나면서 은행산업의 수익률이 하향평준화되고 있다는 의미입니다. 은행 입장에서 보면 이자 부문 외에 새로운 수익성 확보 전략이 절실해진 것입니다. 따라서 은행권에 입사하고자 한다면 은행의 새로운 수익원 발굴과 관련된 영역을 잘 탐색하고, 자신이 어떻게 기여할 수 있는지를 논리적으로 잘 만드는 것이 합격의 관건이라 하겠습니다.

관련 자료 찾아보기 ❶
검색 키워드, '은행의 새로운 수익원'　

'은행의 새로운 수익원'을 키워드로 관련 내용들을 정밀하게 공부해보기 바랍니다. 예컨대 2015년 7월 7일자 한국경제신문에 실린 '우리·신한·기업은행, 새 수익원 찾아 별동대 신설'이라는 제목의 기사가 있습니다. 기준금리가 연 1.5%로 하락하면서 순이자마진이 1% 초반대까지 떨어지면서 예금을 받아 대출하는 전통적 영업만으로는 수익을 내기 어려워졌다. 그래서 펀드, 퇴직연금 등 비이자수익 창출을 위한 전담조직과 해외사업 전담부서를 신설했다는 내용입니다. 신한은행의 경우 '신탁연금본부', '외환사업본부', '신사업추진실(핀테크 등)' 등의 조직을 신설했습니다. 지혜로운 취준생이라면 이런 내용을 보면서 "신탁연금이 무엇이지?"와 같은 질문이 떠올라야 합니다. 본인이 전문가처럼 되라는 것이 아니라 신탁상품이나 퇴직연금 비즈니스에 관심을 갖고, 그 분야에 전문가가 되기 위해 어떤 책을 읽고 활동해왔는지를 보여주는 전략을 만들라는 것입니다. 그래야만 은행권에 입사하기 위해 정말 진정성 있는 노력을 했다는 점을 인정받을 수 있을 것입니다.

은행업의
수익 구조 특성

은행업의 딜레마: 주주이익극대화 vs. 공익극대화

은행은 일반적인 기업과 다른 특징이 있는데, 그것은 주주의 이익만을 극대화할 수 없다는 점이다. 대부분의 상업은행은 일반적인 주식회사 형태로 구성되어 있다. 주식회사의 목적은 주주의 이익을 극대화하는 것이다. 그럼에도 불구하고 은행은 주주의 이익만을 극대화할 수 없는데, 이는 은행이 경제 시스템에 반드시 필요한 '자금 순환'이라는 공공재의 공급 역할을 담당하고 있기 때문이다.

은행의 주요 업무는 자금이 풍족한 경제 주체로부터 자금을 모아, 자금이 부족한 경제 구성원에 공급하는 것으로 우리는 이것을 자금 순환이라 말한다. 다시 말해 은행은 국가 경제 내에서의 경제 주체가 생산 – 공급 – 소비를 위해 필요한 자금의 순환을 공급하고 있고, 이러한 자금 순환은 공공재인 것이다. 공공재의 목적은 공익의 극대화인데, 여기서 주주의 이익극대화와 항상 충돌한다.

좀 쉽게 설명하면 이렇다. 은행은 자금이 풍부한 가계와 기업에 이자를 주고, 자금을 빌려온다. 우리는 이러한 행위를 예금 또는 수신이라 한다. 은행은 이러한 예금을 가지고 자금이 부족한 가계와 기업에 빌려주는데, 이러한 행위를 대출 또는 여신이라 한다. 이러한 예금과 대출의 업무를 예대업무라고 한다. 은행 입장에서 주주의 이익을 극대화하는 방법은 이윤을 극대화하는 것인데, 이를 위해서는 자금을 순환시킴에 있어 비용이 되는 예금이자를 최소화하고 수익이 되는 대출이자를 극대화하는 것이다. 다시 말해 은행은 예대업무로부터 발생하는 이윤, 즉 예대마진을 극대화하는 것이 주주의 이익을 극대화하는 것이다.

그러나 은행이 예대마진을 극대화하는 순간 경제 주체들은 낮은 예금이자로 수입원이 감소하고 높은 대출이자로 비용이 증가하는 상황에 직면할 수밖에 없게 된다. 이는 공공재의 목적인 공익에 위배되는 것이다. 공익을 극대화하기 위해서는 예금이자를 높이고 대출이자를 낮추는 것인데, 이렇게 되면 예대마진이 낮아져 주주이익의 극대화에 위배되는 상황이 벌어질 수밖에 없다.

따라서 은행은 '공익의 극대화냐 아니면 주주 이익의 극대화냐'라는 딜레마에 항상 노출되어 있으며, 이러한 점이 일반적인 기업과 본질적으로 다른 점이다.

은행이 가지고 있는 딜레마를 완벽히 해소할 방법은 없지만, 공익과 주주의 이익이 충돌하는 것을 최소화하기 위한 방법은 있다. 공익을 해치지 않는 적정 수준의 이익을 안정적으로 창출하면서, 그 이익을 기반으로 한 배당을 극대화하여 주주의 이익을 보전시켜주는 것이다. 공익을 해치지 않는 적정 수준의 이익이라 함은 주주 입장에서 자본비용률을 하회하지 않는 이익 수준으로 받아들이면 될 것이다.

경기와 함께 움직이는 은행의 ROE

다음 〈Fig 03〉은 글로벌 금융시장에서 가장 선진화된 미국 은행의 1996년부터 서브프라임 사태 이전까지의 ROE(Return on Equity, 자기자본이익률)와 미국 경기선행지수를 같이 보여주고 있다. 경기 변화에 상관없이 미국 은행의 ROE는 12~16% 이내에서 안정적으로 유지되고 있다. 일반적으로 경기가 확장기에 들어가면 은행은 이익을 극대화하기 위해 노력하고, 반대로 경기가 위축기로 들어서면 과거 확장기에 이익을 극대화하려 했던 노력이 부작용으로 작용해 이익이 크게 축소된다. 그러나 미국 은행은 경기 변화와 상관없이 안정적인 이익 흐름을 보여왔는데, 이러한 이익 흐름이 은행으로서 가장 적합한 것이다.

반면 국내 은행은 경기 변화와 좀 더 밀접한 모습을 보이는데, 특히 경기의 확장기나 수축기 때마다 ROE가 크게 변동하는 것을 〈Fig 04〉에서 확인할 수 있다. 이처럼 경기의 진폭을 그대로 흡수하거나 그 이상으로 변동하는 모습을 '경기순응성 Procyclicality'이라 하는데, 일반적으

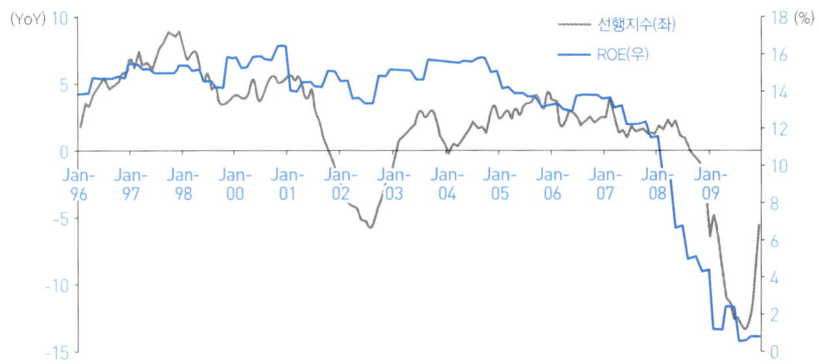

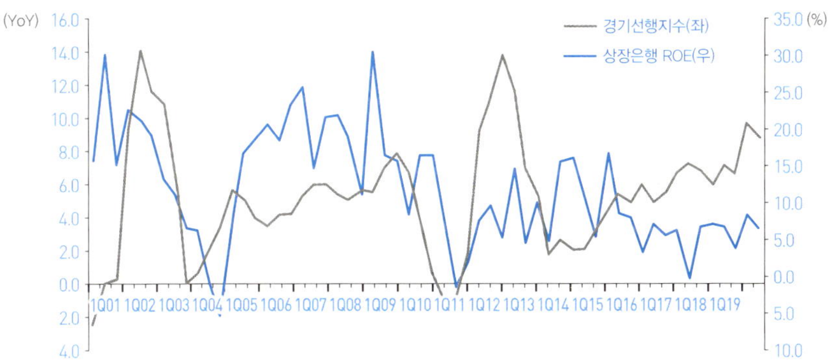

로 금융의 선진화와 반비례하는 경향이 크다. 그 이유는 은행이 공익성보다는 주주 이윤 확대에 좀 더 집중하므로 경기 확장기에 대출 공급을 크게 증가시켜 이익을 확대시키지만, 경기가 수축기에 접어들면

과거 확대했던 대출로부터 부실화가 발생해 손실이 발생하고 다시금 대출 공급이 위축되는 과정이 발생되기 때문이다.

국내 은행의 경우, 외환위기 이후 2000년 중반까지 경기는 호황기를 맞아 은행들이 대출 공급을 크게 확대시켜 이익극대화를 누렸었다. 그러나 서브프라임 사태 이후 경기와 부동산시장이 침체되며 과거 공격적으로 공급했던 대출로부터 부실이 발생하고 이익이 크게 위축되는 경험을 했다. 다만 최근 경기의 변화에도 불구하고 안정적인 대출 성장률과 이익률을 기록하고 있어, 과거보다는 경기순응성이 축소되고 있다.

정부와 금융당국으로부터 강한 규제를 받는 이유

한편, 은행은 공공재를 취급한다는 이유로 정부 또는 금융당국으로부터 강한 규제를 적용받는다. 규제의 목적은 다음과 같다. 은행이 너무 이윤 추구를 극대화하여 공익을 크게 훼손하거나, 이윤 추구를 극대화하는 과정 중 발생하는 부작용으로 은행이 부실화되는 것을 막기 위함이다. 은행이 부실해진다면 예금주들이 한꺼번에 돈을 인출하는 뱅크런Bank run 같은 현상이 일어나 금융시스템에 혼란이 부과된다. 또 세금을 통해 부실화를 정리해야 하므로 이 역시 공익 훼손에 해당된다.

따라서 은행은 유동성 규제, 자본 적정성 규제, 자산 건전성 규제 등 다양한 규제를 적용받고, 정기적인 검사를 통해 지도를 받는다. 신문

기사를 통해 접해본 것 중 '고정이하여신 비율', 'BIS ratio', '원화유동성 비율' 등이 정부가 은행에 가하는 규제와 관련된 용어들이다.

더 알아보기 2

정부가 은행에 적용하는 규제들

· 금융감독원의 정기적인 경영실태평가

국내 은행은 금융감독원으로부터 정기적인 경영실태평가를 받는데, 이는 재무제표만으로 판단이 어려운 경영실태를 파악하기 위해 도입된 것으로 CAMEL-R이라 한다. 이는 자본적정성(C), 자산건전성(A), 경영관리적정성(M), 수익성(E), 유동성(L), 그리고 리스크 관리(R) 항목으로 구성된 것이다.

❶ 자본적정성(C): 은행 자본 규모에 대한 평가와 자본의 질에 대한 평가로서 BIS비율이 사용되어 평가됨

❷ 자산건전성(A): 여신(대출) 정책이 얼마나 경기순응적인지에 대한 평가와 신용리스크 관리의 정도를 평가

❸ 경영관리적정성(M): CEO 리스크 및 보상체계 등 경영지배구조의 안정성과 적정성 평가

❹ 수익성(E): 현재의 수익성뿐만 아니라 미래 수익 창출 능력을 점검

❺ 유동성(L): 위기상황시 유동성 리스크 관리에 대한 부분을 평가

❻ 리스크 관리(R): 종합적인 리스크 관리 강화를 대비하여 리스크 관련 지배구조, 관리절차 등을 평가

이렇게 6개 항목에 대해 종합적으로 평가하여 등급을 책정하며 일정 수준에 미치지 못할 경우 '적기시정조치(경영개선 권고 → 경영개선 요구 → 경영개선 명령)'를 받게 된다. 적기시정조치 가운데 가장 강도가 높은 경영개선 명령을 받은 경우 자산매각, 증자 등 강구책을 통해 개선시켜야 하며 그렇지 못할 경우 퇴출선언을 받을 수 있다.

• 금융위기 이후 중요해진 규제, 바젤 III

금융위기 이후 중요성이 높아지고 있는 규제가 바젤 III다. 일반적으로 BIS ratio(국제결제은행기준에 따른 은행의 자기자본비율)를 사용하고 있다. 이는 자본적정성 지표로서 예상하지 못하는 위험이 발생했을 때, 은행이 스스로 가지고 있는 자본으로 위험의 충격으로부터 뱅크런을 얼마나 방지할 수 있는지에 대한 척도다.

BIS ratio 산정식은 다음과 같다.

$$\text{BIS ratio} = \text{BIS기준 자기자본} / \text{RWA*}$$

*Risk Weighted Asset = 신용리스크 + 시장리스크 + 운영리스크

BIS ratio가 사용된 것은 1980년대 중반부터인데, 크게 두 번의 개정이 이루어지면서 현재는 바젤 III 규제다. 서브프라임 사태 이후 바젤 규제가 III로 수정되었고, 주요 내용은 과거에는 은행의 자본으로 인정되는 항목에 실제 리스크가 발생해도 충격을 받아낼 수 없는 요소가 많았던 것을 제거한 것이다. 바젤 III부터는 Core Tier 1 ratio가 사용되고 있는데, 이는 순수 보통주 자본만을 자본으로 인정하는 내용이다.

$$\text{Core Tier 1 ratio} = \text{보통주 자본} / \text{RWA}$$

바젤 III 규제로 수정된 이후 글로벌 은행들은 자본을 확충하기 위해 다양한 노력을 해왔다. 대표적인 경우가 유상증자, 배당 축소 등이다. 국내 은행은 해외 대형 은행보다 보통주 자본이 충분해 유상증자는 거의 이루어지지 않았지만, 금융당국의 배당 제한 규제를 받아오며 자본을 늘려왔다.

멘토의 Tip ❷   **은행산업의 기본 특징 알아보기**

은행산업의 기본 특징들을 가볍게 알아봅시다.

여기서는 은행산업의 기본 특징에 대한 윤곽 정도만 이해해두면 되겠습니다. 미국의 상업은행과 달리 국내 은행들의 수익성은 경기 사이클과 연동성이 높은 편이라는 점, 다만 요즘에는 이런 흐름이 완화되는 모습이라는 정도만 인식하면 되겠습니다. 그리고 국내 은행들이 정부로부터 적용받고 있는 규제가 자본적정성(C), 자산건전성(A), 경영관리적정성(M), 수익성(E), 유동성(L), 리스크 관리(R) 등의 측면에서 이뤄지고 있다는 점은 언제라도 대답할 수 있도록 암기해두기 바랍니다.

03

국내 은행업의
트렌드

서브프라임 사태 이후 경기 회복의 지연과 저금리 기조에 따라 은행의 자금중개 기능은 크게 약화되고 있다. 은행의 자금중개 기능은 자금을 조달해서 대출을 공급하는 것이기 때문에, 예금 기능 축소와 대출 기능 축소로 나누어 생각해볼 필요가 있다.

낮은 금리로 인한 예금 기능의 축소

예금 기능은 시장 금리가 크게 낮아짐에 따라 경쟁력이 저하되고 있다. 〈Fig 05〉를 보면 과거에 비해 소비자의 선호도가 만기가 짧은 단기 예금으로 집중되고 있는 것을 알 수 있다. 2008년 말 은행의 1년 미만 정기예금 비중은 20% 수준이었는데, 2013년 말에는 25%로 크게 높아졌다. 금융위기 이후 금리가 낮아져 시중 자금의 부동화가 심화되고, 소비자들은 만기가 짧은 금융상품을 더 선호하고 있음을 알 수 있다.

이는 과거와 달리 예금의 금리가 너무 낮기 때문에 조금이라도 높고 차별적인 수익률을 제시하는 상품이 나올 경우, 언제든 자금을 이동시키기 위한 것이다. 2014년 두 차례, 그리고 2015년에도 두 차례 기준금리 인하가 단행되면서 2015년 10월 기준 1년 정기예금 금리는 1% 초반대에 불구하다. 반면 적립식 펀드의 평균 수익률은 연간 3%, 우량한 신용등급 회사의 회사채 금리는 3%, 은행의 후순위채권 금리는 3~4% 수준이다. 이처럼 조금이라도 높은 금리를 제공하는 금융상품이 있을 경우 소비자들은 자금을 쉽게 이동시키기 위해 만기가 짧은 정기예금을 더 선호하고 있는 것이다. 이는 은행 입장에서는 언제든 자금이 이탈할 수 있는 위험이고, 실제로 많은 자금이 다른 금융상품으로 이전되고 있어 예금 기능이 크게 위축되고 있다.

예금은행의 기간별 정기예금 비중 추이

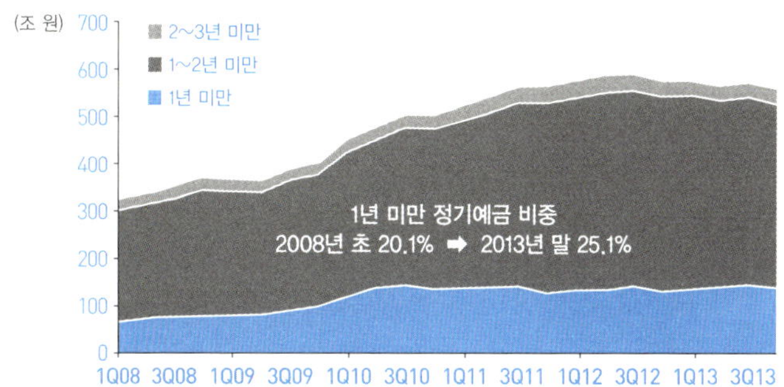

자료: 금융감독원

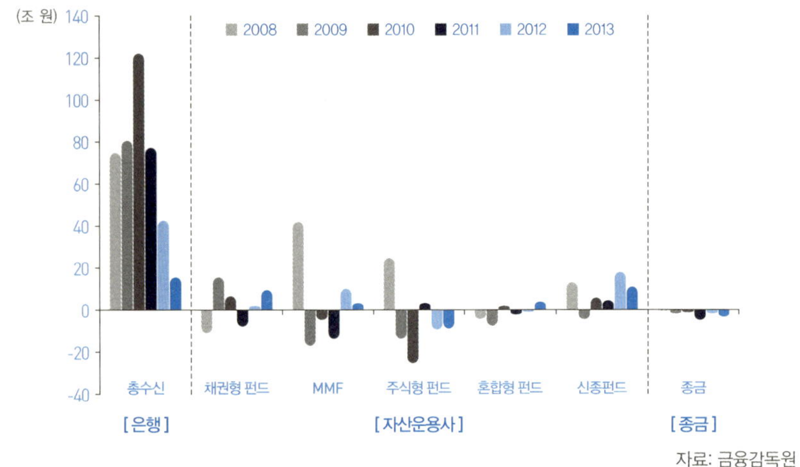

경기 침체, 업황 둔화로 인한 대출 기능의 축소

대출 기능 역시 예금 기능과 크게 다르지 않은 상황이다. 서브프라임 사태 이후 경기 회복이 지연되고 있어 기업들의 대출 수요가 살아나지 못하고 있다. 가계 대출의 경우 최근 부동산 경기 회복에 따라 주택담보 대출의 수요가 살아나고 있지만, 주택금융공사 등 정부 출연 기관의 대출 공급이 늘어나고 있어 은행의 대출 기능은 과거보다 축소되고 있다.

국내 은행은 서브프라임 사태 이전까지 매년 적게는 10%, 많게는 20% 수준의 대출 성장률을 보여왔다. 경기 호황을 맞아 다양한 산업군에서의 대출수요가 증가하기도 했지만, 특히 건설경기 호조에 따라 건설업, PF대출(프로젝트 파이낸싱 대출: 사업 혹은 사업 계획에 대한 수익성을 담보로 제공하여 대출을 받거나 내주는 것. 특정 사업에서 발생되는 수익을 기반으로 한 대출), 부동산 임대업 등의 대출수요 증가가 높아졌기 때문이다. 뿐만 아니라 이 기간 동안 글로벌 시장에서 경쟁력을 인정받은 조선업, 해운업 등의 대출수요도 크게 증가하면서 은행의 높은 대출 성장률을 견인했다.

그러나 2008년 서브프라임 사태 이후 미국의 신용등급 강등, 유럽의 재정위기 등 글로벌 경기 위축이 지속되었고, 경기에 민감한 건설, 조선, 해운업 등은 깊은 불황기로 접어들 수밖에 없었다. 이 과정에서 해당 기업들의 부실화가 진행되어 법정관리, 구조조정 등의 신용 이벤트가 발생되며 은행의 대손충당금이 크게 증가하고 손실이 확대되었다. 글로벌 경기는 여전히 회복되지 못하고 있어 업황 둔화로부터 벗어나지 못하는 기업의 대출수요 역시 회복되지 못하고 있다. 더욱이 대손충당금 증가에 따른 손실을 경험한 은행 역시 과거보다 보수적인 대출심사 태도를 유지하고 있어 은행의 기업대출 기능은 위축을 지속하고 있다. 현재 국내 은행의 대출이 GDP에서 차지하는 비중은 55.3% 로 2008년 60% 대비 크게 축소되었다. 해외 은행의 경우 호주 133%, 대만 129%, 프랑스 109%, 영국 103%, 독일 95%로서 국내 은행의 자금 중개 기능이 크게 약화되었다는 걸 알 수 있다.

〈Fig 09〉는 은행의 대출성장률과 대손비용률(대손충당금/총대출)을 보여주는데 대손비용률은 대출성장률을 약 1.5년 정도 후행한다. 서브프라임 사태 이후 급격히 높아진 대손비용률은 대부분 기업대출 부분에서 발생했던 것이다. 2011년의 기저효과에 따른 높은 대출성장률을

GDP 대비 은행대출 비중

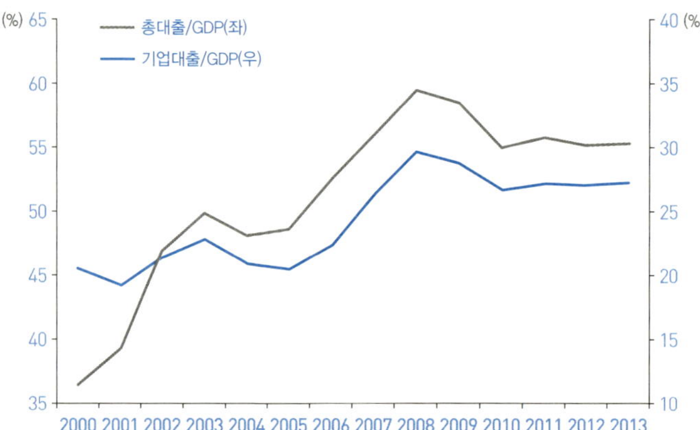

자료: 금융감독원

은행의 자기자본대비 기업대출 비중 감소

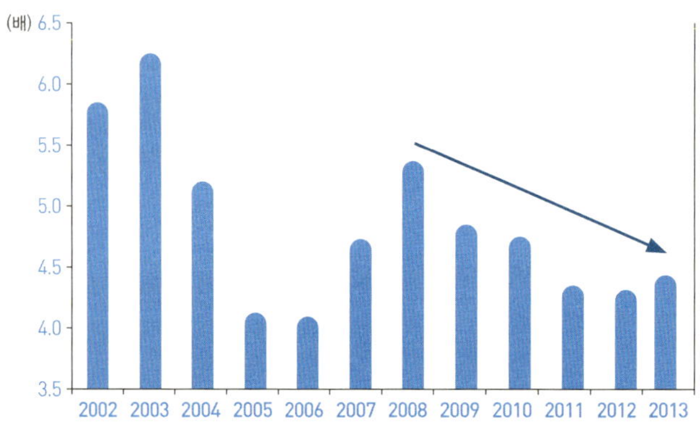

자료: 금융감독원

제외하면 서브프라임 사태 당시의 높은 대손비용률로 인해 은행의 대
출성장률은 과거보다 크게 낮아진 상태에서 회복되지 못하고 있는 것
을 확인할 수 있다.

　가계대출의 경우 부동산시장과 밀접한 관계를 가지고 있다. 서브프
라임 사태 이전 국내 부동산 경기는 호조를 보이면서 주택담보대출
중심으로 가계대출의 큰 성장을 견인해왔다. 그러나 서브프라임 사태
이후 경기 침체와 더불어 다양한 부동산규제 강화 등으로 주택시장은
침체기를 지속해왔고 따라서 가계의 대출수요도 위축될 수밖에 없었
다. 최근 LTV(주택담보인정비율)/DTI(총부채상환비율) 규제 완화, 기준금리
인하 등 이전보다 주택시장의 규제 환경이 우호적으로 바뀌면서 주택
에 대한 수요 증가가 주택담보대출 증가로 이어지고 있다. 다만 보금
자리론, 적격대출, 안심전환대출 등 주택금융공사의 정부 보증 대출

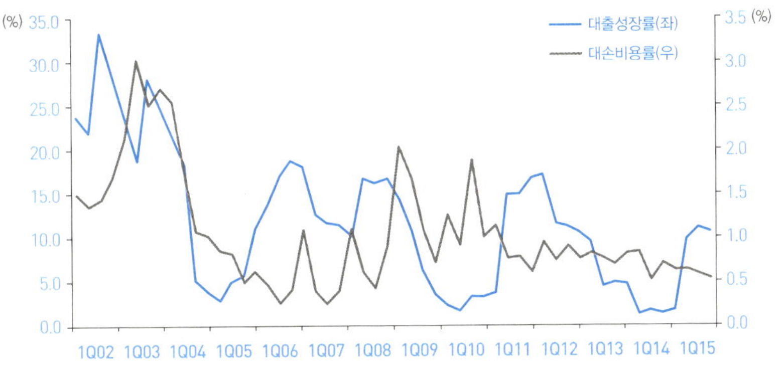

자료: 금융감독원

상품의 비중이 높아지면서 은행의 자금중개 역할은 과거처럼 확대되지 못하고 있다.

과거 은행이 자금중개 기능으로서의 역할이 컸을 때는 대출성장률이 명목GDP 대비 두 배 이상으로 높았다. 하지만 앞으로는 명목GDP 수준의 대출성장률 정도만 기대할 수 있을 것으로 판단된다.

가계대출과 부동산시장

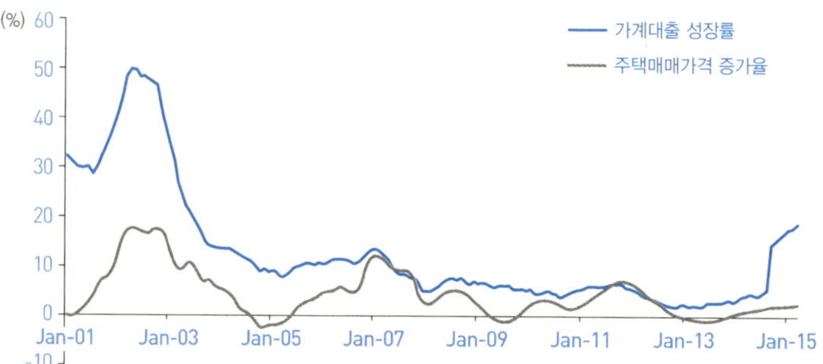

자료: 한국은행

5대 은행의 신규 주택담보대출 취급액 대비 주택금융공사의 대출 비중

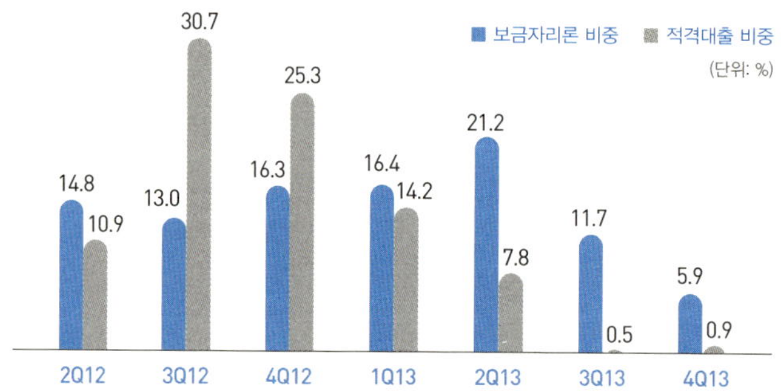

＊5대 은행: 국민은행, 신한은행, 우리은행, 하나은행, 기업은행

자료: 주택금융공사, 한국은행

• 2015년 등장, '안심전환대출'의 이모저모

국내 가계부채가 GDP 대비 84%로 높은 수준이며 대부분 변동금리 대출로 구성되어 있다. 그래서 앞으로 금리상승기에 가계의 이자부담 가중으로 이어져 부실화가 진행될 우려가 꾸준히 제기되어 왔다.

이에 정부는 시중 은행이 보유하고 있는 주택담보대출 가운데 일정 기준을 충족하는 것에 대해 고정금리대출로 전환시켜주는 정책을 발표하였는데, 이것이 바로 안심전환대출이다. 기본적인 구조는 소비자가 안심전환대출로 전환을 신청하면 은행은 보유하고 있는 주택담보대출을 주택금융공사에 이전시킨다. 주택담보대출을 양도받은 주택금융공사는 이를 기초자산으로 유동화하여 소비자에게 장기고정 대출금리를 제시하는 것이다.

국내 은행은 해외 은행과 달리 MBS(Mortgage-Backed Securities, 주택저당증권)를 발행하기가 쉽지 않다. 이는 우선 미국처럼 MBS를 보증해줄 수 있는 Ginnie Mae, Fannie Mae 같은 보증기관이 없다는 점이다. 따라서 유럽처럼 회사채법에서 유동화증권의 보증을 약속해 발행할 수 있는 커버드본드(Covered-bond: 금융기관이 보유한 우량 자산을 담보로 발행되는 담보부채권의 일종) 체제로 가야 하는데, 2014년 국내 회사채법이 개정되어 커버드본드를 발행할 수 있지만 금리 메리트가 낮아 아직은 은행이 유동화를 하기 어렵다.

은행 입장에서는 유동화가 어렵다면 만기가 20년 이상으로 긴 주택담보대출에 대해 고정금리를 제시하기 어렵다. 만기 20년에 매칭시킬 수 있는 조달이 불가능하기 때문이다. 이러한 이유로 국내 은행이 판매하고 있는 주택담보대출은 대부분 3개월 CD금리 연동, 6개월/1년 COFIX 대출 상품으로 구성되어 있다.

이에 정부는 정부기관으로서 보증이 담보되어 MBS발행이 가능한 주택금융공사를 통해 안심전환대출을 공급하고 가계의 주택담보대출을 금리 리스크에 자유로운 고정금리로 전환시켜주는 대책을 발표한 것이다. 단, 안심전환대출은 원리금의 상환을 전제로 하고 있다.

▼ 안심전환대출 구조

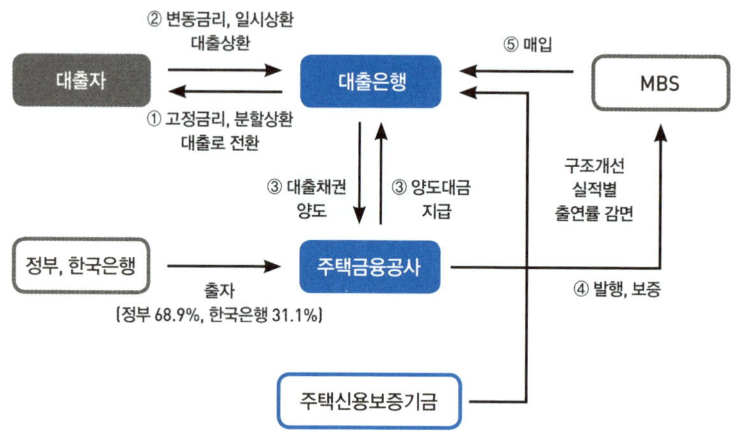

정부가 두 차례에 걸쳐 시행한 안심전환대출은 약 32조 원이 공급되었다. 은행 입장에서는 보유한 주택담보대출이 주택금융공사로 이전되기 때문에 이자이익을 창출하는 자산이 소멸되는 것으로 이자이익 감소로 연결될 수 있다. 이에 정부는 은행의 이익을 보전시켜주기 위해 주택금융공사에 대출자산을 이전시킬 때 수수료를 지급한다.

 **은행 경영환경의 어려운 요인들을 잘 인식하고 대응 전략을 모색
해봅시다.**

은행들의 경영환경은 경제여건이 앞으로 개선되지 않는 이상 쉽게 호전
되기 어려운 모양새입니다. 저금리 저성장 기조가 장기화되면서 은행의
자금중개 기능이 점진적으로 약화되는 흐름입니다. 이는 수치상으로도 확
인됩니다. GDP 대비 은행대출 규모가 약 55% 수준인데, 이는 대부분
100%대를 상회하는 주요 선진국과 크게 대비됩니다. 여기에다 가계대
출 부문 역시 정부의 공급 비중이 커지면서 자리가 자꾸 좁아지고 있습니
다. 은행 입장에서는 이런 거시경제 여건을 스스로 바꿀 수는 없을 것이므
로 고정비용을 줄이고 새로운 수익원을 찾는 데 경영 역량을 모을 수밖에
없습니다. 재차 강조하지만 은행 입사를 위해서는 자신이 은행의 어떤 수
익 창출에 기여할 수 있는지를 자소서나 면접에서 논리적 근거와 함께 제
시하는 일이 무엇보다 중요합니다.

관련 자료 찾아보기 ❷
한국금융연구원(www.kif.re.kr) 홈페이지 

한국금융연구원(www.kif.re.kr) 홈페이지에 들어가서 각종 보고서와 이슈
자료들을 잘 챙겨볼 필요가 있습니다. 은행산업 관련 현황과 이슈에 대해
국내에서 가장 다양하고도 심층적인 보고서를 발간하고 있기 때문입니다.
일부 보고서는 회원가입(비용은 무료)이 필수이므로 참고하기 바랍니다.

04

제조업과 다른
은행업의 매출구조

대출의 증가 = 매출의 증가

은행은 제조업처럼 제품을 생산하여 판매하지 않기 때문에 제조업과 매출의 기준이 다르다. 제조업의 매출 지표와 동등한 것은 대출상품 판매에 따른 이자수익이며, 제조원가는 예금 판매에 따른 예금이자 비용이다. 매출이 성장하기 위해서는 금융시장에서 대출수요가 증가하고 대출 금리가 높아져야 하며, 매출 총이익이 성장하기 위해서는 예금금리가 낮아져야 한다. 하지만 대출금리와 예금금리는 기준금리, 국고채금리 등 시장금리와 방향성을 같이 하기 때문에 거의 비슷하게 움직인다.

물론 시장금리의 변화를 대출이 예금보다 3~5개월 정도 먼저 반영하기 때문에 금리가 상승할 때 매출 총이익이 먼저 증가하고, 금리가 하락할 때 매출 총이익이 먼저 감소하지만, 긴 시계열로 놓고 보면, 금리의 방향성보다는 대출의 성장률이 매출 총이익에 미치는 영향이 크다.

따라서 대출의 성장에 영향을 주는 변수가 중요한데, 이는 경기 변화와 주택시장의 변화로 요약할 수 있다.

a. 매출에 영향을 주는 변수 ① – 경기 변화에 따른 기업의 업황

기업대출의 중요 변수는 경기 변화인데, 이는 기업의 업황을 결정하는 변수이기 때문이다. 국내 경기가 호황기에 있다면 기업들의 업황이 좋기 때문에 설비투자 등을 확대하기 위해 은행을 통한 대출을 늘릴 것이다. 하지만 국내 경기가 불황기에 있다면 설비투자의 필요성이 낮아져 은행을 통한 대출수요가 줄어들 것이다. 또 은행 입장에서는 대출의 부실을 막기 위해 보수적으로 대출을 공급할 것이다.

서브프라임 사태 이전 경기가 호황기일 때는 기업들의 설비투자수요가 대출수요로 연결되면서 조선, 해운, 건설, PF 등 경기민감업종 대출이 총 대출에서 차지하는 비중이 13%가 넘었다. 하지만 서브프라임 이후 해당 업황이 크게 부진하면서 대출수요가 줄어들고 일부 기업들의 부실 발생으로 은행의 대출공급 태도가 보수적으로 바뀌면서 해당 대출의 비중은 2013년 말 7% 수준까지 낮아졌다. 결국 경기 변화에 따른 기업의 업황이 매출 변수로서 중요하게 작용하고 있음을 알 수 있다.

5대 은행 총여신 대비 경기민감업종 여신 비중

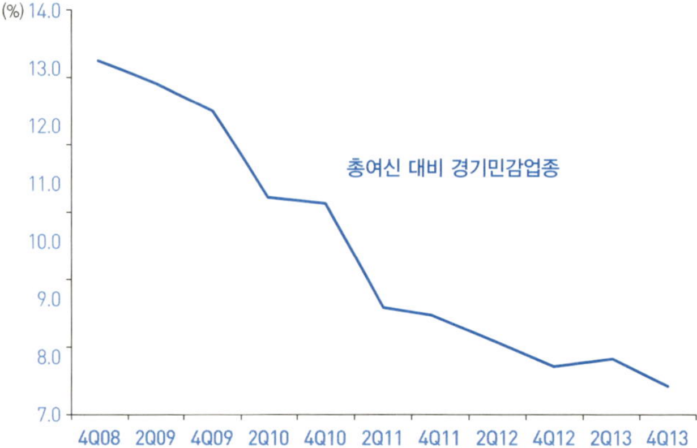

5대 은행: 국민은행, 신한은행, 우리은행, 하나은행, 기업은행

자료: 각 사

5대 은행 기업설비투자 추이

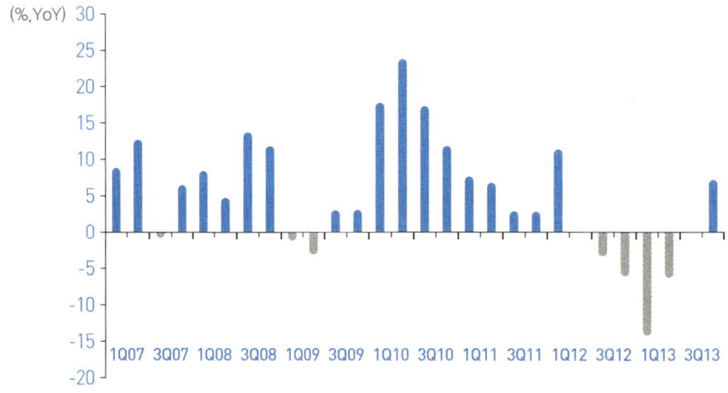

5대 은행: 국민은행, 신한은행, 우리은행, 하나은행, 기업은행

자료: 각 사

b. 매출에 영향을 주는 변수 ② – 주택시장 경기

두 번째로 매출에 미치는 중요 변수가 주택시장인데, 이는 은행의 대출 가운데 50% 정도가 부동산담보대출로 구성되어 있기 때문이다. 가계대출의 경우 70% 이상이 주택담보대출로 구성되어 있다. 주택시장이 호황기를 맞아 담보자산인 주택가격이 상승하면 주택수요가 증가하고 가계의 대출수요가 증가한다. 그러나 주택가격이 하락하게 되면 가계의 주택수요가 감소하고, 대출수요는 감소할 수밖에 없다.

기업대출의 경우도 35% 정도가 부동산담보대출로 구성되어 있는데, 중소기업대출의 경우 40% 이상이 부동산 담보다. 가계처럼 부동산담보대출의 대부분이 주택은 아니지만, 공장지대, 건물 등의 부동산을 담보로 구성되어 있다. 기업들이 부동산 담보로 대출을 받기 위해서는 보유한 부동산의 가치가 상승해야만 하는데, 담보 자산의 가치가 증가할수록 대출을 받을 수 있는 여력이 증가하기 때문이다. 주택 경기가 호황기를 맞으면 가격의 변화가 상업용 부동산시장에도 영향을 미치기 때문에 대출을 받기 원하는 기업 입장에서는 주택시장의 변화도 중요한 요인이 되는 것이다.

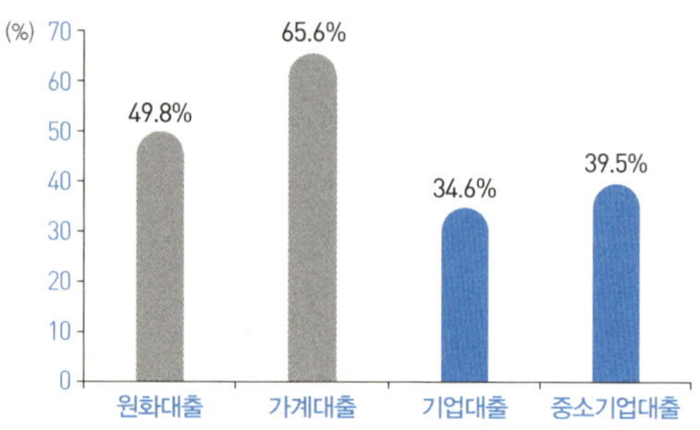

5대 은행: 국민은행, 신한은행, 우리은행, 하나은행, 기업은행
자료: 금융감독원

멘토의 Tip ④　　은행의 대출 구조 파악하기

은행의 대출 구조에 대한 윤곽을 인식해봅시다.

은행의 대출 구조에 대해 기초적인 이해가 필요합니다. 기업대출의 경우 금융위기 이전만 하더라도 조선·해운·건설업종 등을 중심으로 전체 대비 13% 수준이던 것이 금융위기 이후인 2013년 말에는 7%대로 주저앉았습니다. 또한 전체 대출에서 부동산담보대출 비중은 50% 수준이며, 가계대출의 경우는 70%, 기업대출의 경우 35%가 부동산담보대출입니다. 경기가 계속 부진하고, 부동산 가격의 안정세가 유지되지 않는다면 은행으로서는 매우 어려운 경영 환경에 놓이게 됨을 알 수 있습니다.

05

경쟁의 구조와
강도

시장 진입장벽이 높은 은행산업

은행산업은 진입장벽이 높아 신규 참여자의 시장 진입이 용이하지 않다. 은행업은 국가 경제 시스템 내에서 자금중개 기능을 담당하고 있기 때문에 설립 인가가 매우 엄격한데, 국내에서는 '은행법'과 '금융산업의 구조개선에 관한 법률(금산법)'에서 규제하고 있다.

우선 은행업을 영위하기 위한 최소자본금은 1,000억 원으로 일반 제조업 설립과 달리 규제를 받고 있다. 또한 은행의 '사私금고화'를 막기 위해 산업자본의 은행 소유를 엄격히 금지하고 있는데, 여기서 산업자본은 비금융업을 주력으로 영위하는 기업을 말하며 이러한 산업자본의 은행 지분 소유를 의결권 있는 지분 4%로 제한하고 있다.

최근 ICT의 발전으로 인터넷전문은행의 설립이 추진되고 있어 은행산업의 신규 참여 가능성이 높아지고 있지만, 은행 설립 및 인가와 관련된 법 개정이 쉽게 통과되지 못하고 있다. 과거에도 은행업 진입의 문턱을 낮추고자 하는 시도가 많았지만 금융과 산업을 분리하는 엄격한 금산분리 규제로 번번히 막혀왔다. 추가적인 법 개정에 따라 인터넷 은행의 설립 가능성을 지켜봐야 하겠지만, 다른 산업에 비해 은행 산업으로의 신규 진입은 쉽지 않다.

인수합병으로 대폭 줄어든 은행 수

1990년 이후 신규 설립된 은행이 없는 상태에서 외환위기, 신용카드 사태 등을 겪으면서 많은 은행이 구조조정 및 인수합병 등을 통해 사라졌다. 외환위기 이전 국내에서는 28개의 일반 은행이 영업을 했었는데, 지금은 13개 은행만이 남아 있다. 특히 2000년대 이후 금융지주회사로 재편된 뒤에는 2개의 은행이 같은 금융지주회사에 소속되기도 해 실질적으로 9개의 일반 은행과 기업은행이 남아 있다고 보면 될 것이다.

국내 은행산업은 1998년 외환위기를 기점으로 커다란 변화가 일어났다. 전통적으로 역사가 깊고 대기업대출을 중심으로 영업을 해온 은행들이 사라지고 신생 은행이 이들을 인수합병하면서 급성장한 것이다. 이렇게 성장한 대표 은행이 신한금융지주와 하나금융지주다. 당시 두 은행은 주로 중소기업여신 또는 가계여신 중심의 작은 은행이었지만, 외환위기 이후 부실화가 심화되어 구조조정을 받은 조흥은행과 서울은행을 각각 인수합병하면서 대형 은행으로 성장하였다. 이후 신한금융지주는 LG카드를 인수하여 사업의 다각화를 진행하였고, 하나금융지주는 최근 외환은행을 인수하여 다시 한 번 대형화를 이루어내고 있다.

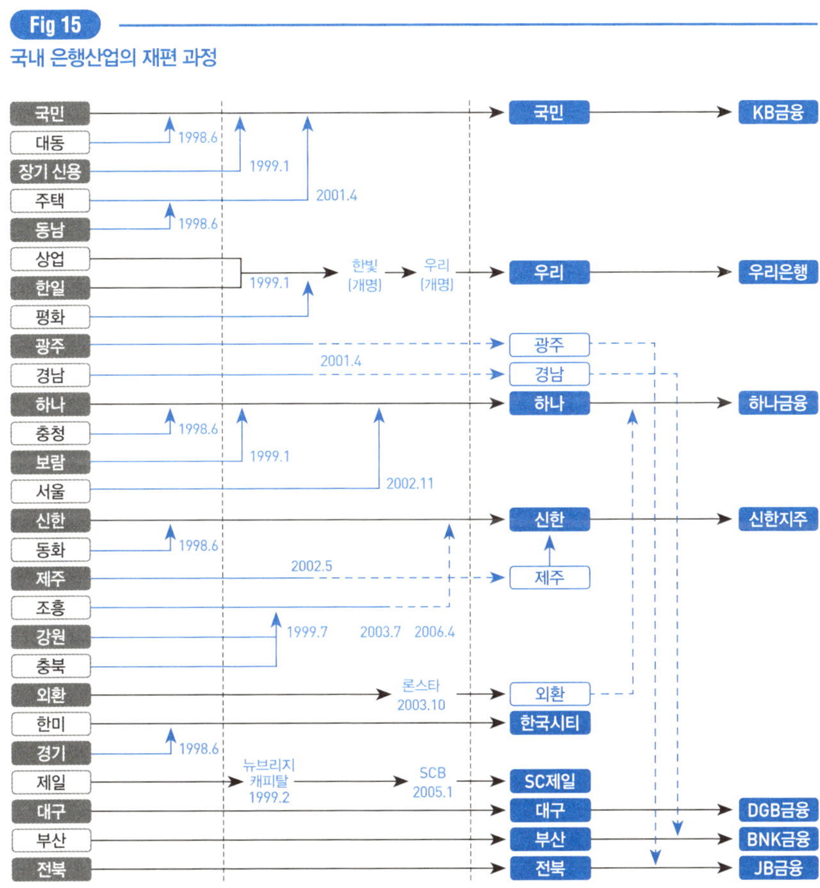

'우리은행 민영화'라는 잠재적 이슈

향후 신규 은행의 진입이 없다고 가정하면 추가적인 은행산업의 변화는 '우리은행 민영화'일 것이다. 우리은행은 외환위기 이후 구조조정 대상이었던 상업은행, 한일은행, 평화은행을 하나로 합친 은행이며, 예금보험공사가 51%의 지분을 소유하고 있다. 우리금융 민영화를 통해 광주은행, 경남은행, 우리투자증권은 각각 JB금융지주, BNK금융지주, 농협금융지주에 매각되었지만 아직 우리은행은 민영화가 진행되지 못하고 있다. 은행의 수익성 약화, 초대형 은행 설립에 대한 우려 등으로 우리은행의 민영화가 쉽지는 않지만 은행산업의 변화를 가져올 수 있는 잠재적 이슈로 판단된다.

시장점유율, 수익성 지표로 결정되는 경쟁력

국내 은행산업은 4개의 대형 은행과 중소형 은행이 경쟁하고 있는데, 은행산업의 시장점유율은 대출과 예금으로 구분하여 볼 수 있다. 두 개 기준으로 점유율이 비슷하기 때문에 시장의 지배력은 'KB 〉 하나 + 외환 〉 우리 〉 신한 〉 기업 〉 부산 〉 대구' 순으로 높다. 대출시장별로 은행의 점유율은 차이가 있다. 가계대출시장에서는 KB의 점유율이 높고, 기업대출시장에서는 기업은행의 점유율이 높다. 이는 은행의 설립 취지에 따른 결과다. KB는 과거 가계대출의 공급 목적으로

(2014년 말 기준)

%	국민	신한	우리	하나	외환	기업	부산	대구
총대출	15.9	12.8	13.1	8.9	4.3	12.3	2.5	2.2
기업대출	11.9	11.2	11.5	7.2	4.4	17.0	3.2	2.8
중소기업대출	13.3	11.4	11.6	6.6	3.4	21.9	3.8	3.4
가계대출	21.5	15.0	15.3	11.2	4.2	5.7	1.5	1.4
예수금	16.9	14.1	14.8	9.7	5.7	6.8	2.8	2.5

자료: 금융감독원

설립된 주택은행과 국민은행의 합병은행이고, 기업은행은 중소기업 자금공급을 위해 설립된 특수 은행이기 때문이다.

시장점유율이 높다고 반드시 시장에서의 경쟁력이 높은 것은 아니다. 수익성 지표도 같이 고려되어야 하는데, 금융지주 기준으로 수익성이 높은 곳은 BNK금융지주, 기업은행이며 대형사 가운데서는 신한금융지주가 가장 수익성이 높다. 이는 수익성의 주요 변수인 대출 성장률과 순이자마진의 차이 때문이다.

서브프라임 사태 이후 상대적으로 자산 규모가 작은 은행들은 기업대출 부실을 덜 겪어 대출을 공격적으로 공급할 수 있었고, 또한 대부분 중소기업을 대상으로 한 영업이기 때문에 예대마진도 대기업 대출보다 높아 수익성이 높을 수 있었다. 이러한 이유 때문에 중소형 은행과 기업은행의 수익성이 높게 나타난 것이다.

반면 신한금융지주는 대형사임에도 불구하고 수익성이 지방 은행만큼 높은데, 이는 다른 대형사보다 리스크 관리에 뛰어나고 이익의 다변화가 이루어졌기 때문이다. 신한금융지주는 과거 조흥은행을 인수하기 이전 중소기업대출 중심으로 영업을 해온 은행이기 때문에 상대적으로 리스크 관리가 잘 되어 왔다. 이런 점 때문에 서브프라임 사태 당시 다른 대형 은행이 건설, PF, 조선, 해운업 등에서의 부실여신 증가로 손실을 크게 입었던 것과 달리 안정적으로 수익을 낼 수 있었다. 뿐만 아니라 그 이후에도 위축되지 않고 정상적으로 영업을 하며 높은 수익성을 유지할 수 있었다. 또한 신한금융지주는 은행뿐만 아니라 신용카드, 생명보험, 증권사 등 비은행 자회사를 균형 있게 보유하고 있어 이익의 분산 효과를 누리고 있다. 금융위기 이후 저성장·저금리 기조 등으로 은행업은 대출성장과 순이자마진이 낮아져 수익성이 약화되고 있지만 신용카드, 증권, 생명보험 등에서 안정적인 이익 흐름을 창출하고 있어 대형 은행 대비 높은 수익성을 유지하고 있다.

국내 은행의 수익성 지표

(2009년~2014년 말 평균 기준)

(%)	국민	신한	우리	하나	기업	부산	대구
5년 평균 ROE	5.3	10.0	7.4	7.2	10.3	13.7	10.2
5년 평균 순이자마진(NIM)	2.70	3.29	2.22	2.02	2.29	2.84	2.89
5년 평균 대출성장률	3.7	12.4	0.8	16.2	8.0	27.1	10.4

자료: 금융감독원

시중 은행들 간 경쟁 현황과 신한은행만의 강점에 대해 탐색해 봅시다.

　시중 은행들 간 경쟁 현황과 신한은행만의 강점에 대해서는 비교적 구체적으로 인식할 필요가 있습니다. 적어도 신한, 국민, 우리, 하나, 기업은행 같은 5대 은행들의 총대출, 기업대출, 중소기업대출, 가계대출 비중 측면에서 1등과 2등 그리고 대강의 비중 정도는 파악하고 있어야 합니다. 은행을 비교할 때 일반적으로 이런 순위를 가지고 많이 설명하기 때문입니다. 또한 신한은행이 보유하고 있는 수익성 측면에서의 경쟁력 요인도 잘 챙겨두기 바랍니다. 요약하자면 대출의 질적인 부분 외에도 비은행 자회사들을 통한 안정적인 수익창출 흐름이 가능하다는 점 정도로 이해해두면 되겠습니다.

06

'선진국 경기 회복'으로 인한 스필오버 효과 부재

대출 성장의 제약

금융위기 이후 은행의 자금중개 기능이 약화되면서 경기선행지수 회복에도 불구하고 대출 성장의 회복이 나타나지 않고 있다. 은행은 기업경기 부진과 재무건전성 리스크로 인해 보수적 대출 태도를 가졌고, 이로 인해 명목 GDP 수준의 성장률만이 시현되고 있다. 글로벌 경기 회복에 따른 스필오버Spillover 효과가 기업경기를 회복시키기 전까지 성장 확대는 제한적일 수밖에 없을 것으로 예상된다. 최근 부동산 규제 완화로 가계대출의 증가세가 높아지고 있지만, 가계부채가 가지고 있는 잠재적 리스크를 감안할 때 추가적으로 대출성장이 더 높아지기는 어려울 것이다.

과거처럼 선진국 경기 회복이 한국 수출 회복으로 이어지는 스필오

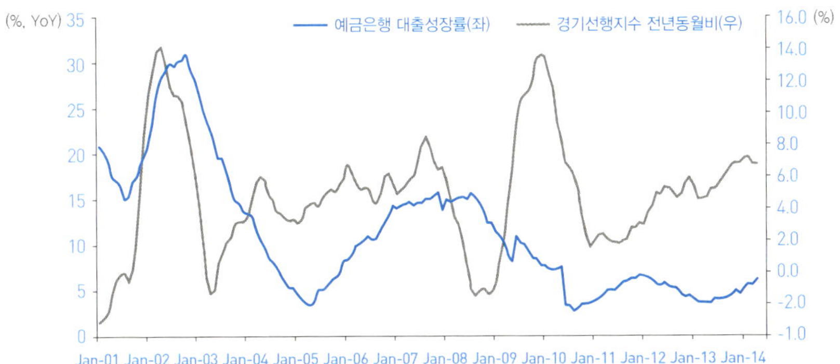

자료: 한국은행

버 효과가 나타나지 않고 있어 국내 경기 회복이 지연되고 있다. 이런 점들은 기업으로 하여금 설비투자에 대해 보수적 행태를 강화시키고 있다. 최근 미국, 유럽 등 선진국의 경기는 소폭 회복세를 보이고 있는데, 그럼에도 불구하고 해당 국가들의 수입 증가율은 개선되지 못하고 있다. '선진국 경기 회복 → 자본재 수입 니즈 증가 → 이머징 Emerging 국가의 시클리컬Cyclical 섹터 가동률 증가 및 CAPEX 확대 → 이머징 국가의 수출 증가'와 같은 사이클이 아직 형성되지 못하고 있고 이로 인해 국내 기업 경기의 회복이 지연되고 있는 것이다.

순이자마진의 약화

시장금리 변화에 대한 은행의 NIM 탄력도가 크게 축소되었다. 특히 장단기금리차의 변화와 상관없이 약화된 NIM이 지속되고 있다. 이는 가계부채 리스크 우려와 기업경기 부진에 따른 정부정책 투영이 은행의 프라이싱Pricing 독립성을 약화시킴에 따라 시장금리 및 차주의 신용리스크를 반영한 대출금리 프라이싱이 이루지지 못하고 있기 때문이다.

따라서 가계부채의 잠재적 리스크가 해소되고 경기가 회복되기 전까지 프라이싱의 독립성을 회복하기 어렵다. 더욱이 시장금리 변화에 대한 낮은 탄력도의 NIM 구조는 변화하기 어려워 향후 기준금리 변화에 따른 NIM 변화는 크지 않고, 지금의 수준으로 유지될 수밖에 없을 것이다. 한편, 최근 부동산규제 완화 기대감이 높아지고 있는데, 이에 따라 가계대출이 증가할 경우 고정금리연동 대출 위주로 공급될 것으로 예상된다. 이는 현재 거의 무수익 자산에 가깝고 향후 금리 인상 기조하에서 역마진 우려도 있어 수익성 약화가 우려된다.

국내 은행의 순이자마진 약화도 불가피할 것으로 예상

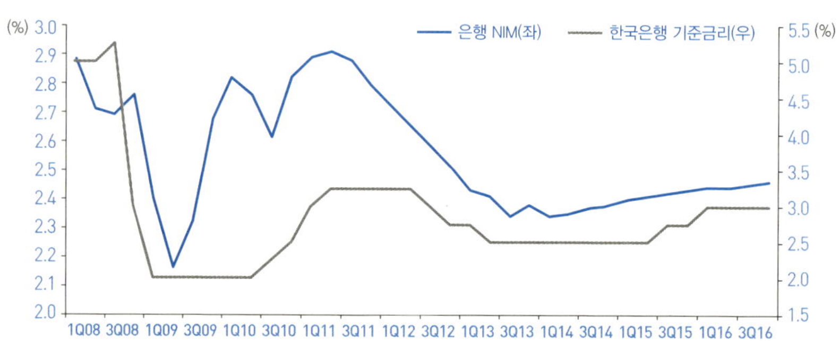

자료: 금융감독원

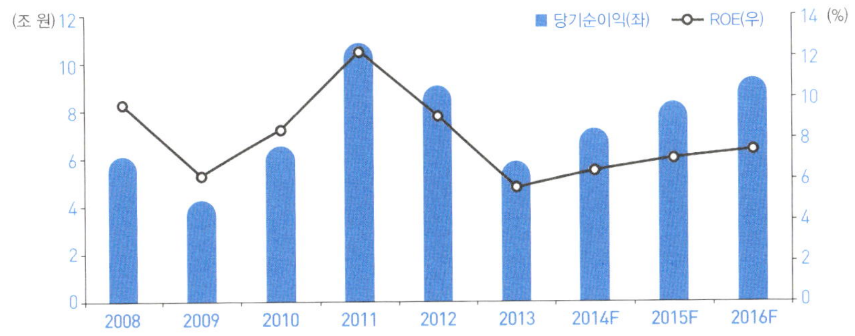

자료: 금융감독원

대출 성장의 제약과 NIM의 약화로 인해 은행의 ROE 개선이 쉽지 않다. 과거 국내 은행의 ROE는 12~16% 수준에 달했는데, 금융위기 이후 10% 이하로 감소하였고 최근에는 7% 수준에 불과하다. 금융위기 이후 은행은 대규모 대손충당금을 적립해 추가적인 부실 위험이 작아지고 있지만, 그럼에도 불구하고 수익성이 개선되지 못하는 이유는 대출과 순이자마진의 제약에 있다. 결국 글로벌 경제가 회복기에 접어들어 국내 기업들의 경기가 회복되어야만 해결될 수 있는 문제다.

은행산업 전망과 관련해서는 국책연구기관에서 발행하는 자료와 신용평가회사에서 중·단기적으로 평가하는 은행산업보고서 등을 활용하면 산업 전반이 어떤 흐름상인지, 거시경제적으로는 어떤 환경 요인이 존재하는지를 이해하는 데 도움이 됩니다. 이런 내용을 평소 공부해두면 면접 과정에서 양질의 답변을 확보하는 데 매우 유용할 것입니다.

한편, 경영기획, 마케팅, 상품판매 전략과 같은 직무 중심으로 산업을 이해하려면 글로벌 컨설팅회사(예컨대 딜로이트, Ernst&Young, 맥킨지, 보스톤컨설팅 등) 홈페이지를 방문해서 은행산업 관련 자료들을 탐색해보기 바랍니다. 전문연구기관에서 발행하는 자료들이 다소 일반적인 내용인 것에 비해 컨설팅회사 자료는 경영자들의 니즈에 맞춰 만들어지므로 흥미로운 내용들이 많습니다. 나만의 차별화된 콘텐츠를 만들고자 한다면 당연히 이런 노력을 해야만 합니다.

신한은행

02

시장:
급변하는 환경, 발 빠른 적응이 필요한 금융시장

국내 은행산업은 성숙기라는 성장 단계에 접어들었습니다. 그러다 보니 새로운 이익 창출이 필요한 상황입니다. 은행들의 해외진출이 증가하고 있는 것도 이런 까닭입니다. 또한 ICT, 모바일의 발달로 핀테크 같은 금융혁신이 일어 급변하는 시장 환경에 발빠른 적응이 필요한 상황입니다. 글로벌 시장에서 한국 은행의 위상은 아직 높지 않아, 국제 경쟁력을 배양시킬 방법도 모색할 필요가 있습니다.

01

성숙기에
접어든 시장

국내 은행산업의 총대출 규모는 2015년 6월 기준 약 1,298조 원이다. 이 중 기업대출은 704조 원이며, 가계대출은 594조 원이다. 국내 은행의 대출은 과거 GDP 성장률 대비 두 배 이상 높게 성장해왔지만, 최근에는 명목 GDP 성장률만큼만 성장하고 있다. 과거에 비해 기업대출의 수요가 감소하고, 가계대출의 성장률도 낮아지면서 시장이 성숙기에 접어들고 있다.

다만 2014년 정부의 부동산규제 완화 정책 발표 이후, 가계대출은 주택담보대출의 증가세에 힘입어 최근 20%에 가까운 성장을 보이고 있다. 그러나 가계부채의 규모가 크고, GDP나 가계의 가처분소득 대비 가계부채의 증가 속도가 빨라 리스크가 높아지고 있는 점을 감안하면 다시금 가계부채의 성장률은 낮아질 수밖에 없을 것으로 예상된다.

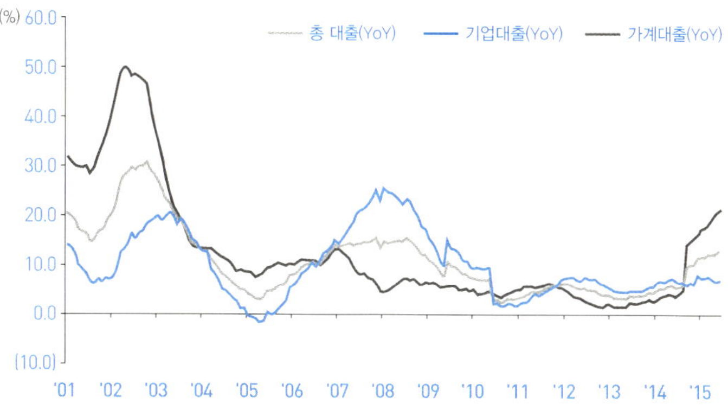

빠르게 증가하는 개인금융부채

우리나라의 개인금융부채(은행의 가계대출 + 비은행의 가계대출 + 비영리법인의 대출)는 GDP 대비 84%에 이르는데, 일반적으로 가계의 부채가 GDP 대비 85% 수준이면 과도하다고 판단한다. 더욱이 불과 10년 전에는 GDP 대비 가계부채의 비중이 65%에 불과했으므로 그동안 가계부채가 빠르게 증가했음을 알 수 있다.

가계의 레버리지 비율 척도인 가처분소득 대비 부채 비율도 161%에 달한다. 소득이 증가하는 속도보다 가계의 부채가 증가하는 속도가 매우 빠르다는 것인데, OECD 국가에서 한국의 가처분소득 대비 가계부채는 다섯 번째로 높은 편이다. 다만 상위에 등록되어 있는 덴마크, 노르웨이 등은 소득에서 차감항목인 연금지출, 세금지출이 많다. 이

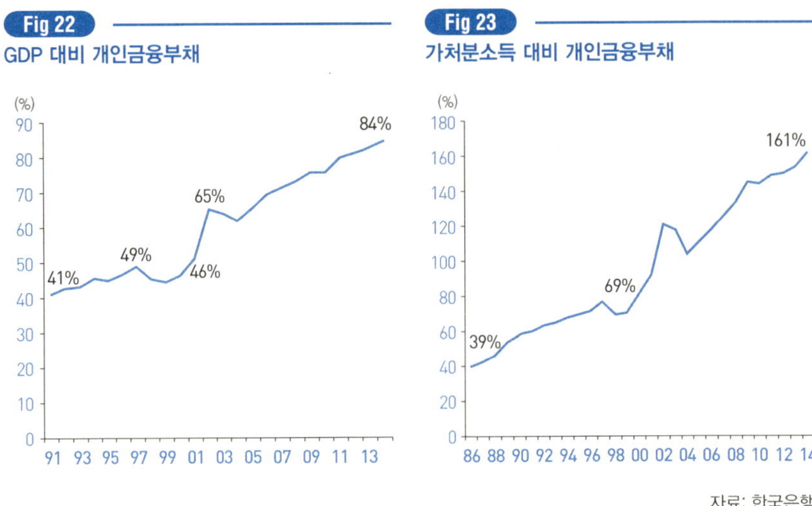

자료: 한국은행

로 인해 가처분소득이 적게 보일 수밖에 없어 가처분소득 대비 가계부채가 높게 나타난다. 이런 점을 감안하면 우리나라의 가처분소득 대비 가계부채는 OECD 내에서 세 번째로 높으며, 서브프라임 사태 이후 유일하게 가계부채가 지속적으로 증가한 나라이기도 하다.

이렇듯 가계부채의 총량이 많고, 소득대비 증가 속도가 빨라 가계부채의 부실 가능성이 꾸준히 제기되고 있다. 2015년 말 기준 한국은행의 기준금리가 1.5%에 불과해 가계의 이자비용 부담은 적지만 향후 금리가 인상되는 기조에 들어가면 가계의 이자부담이 가중되고 부실이 나타날 수밖에 없을 것이다. 따라서 이런 문제의식에 기초해 가계부채의 성장 속도는 다시금 낮아질 수밖에 없을 것으로 예상된다.

새로운 이익 창출을 위해 해외진출 증가

대출시장이 성숙되고 있다는 것은 은행으로 하여금 이익을 창출하는 기회가 줄어들고 있다는 뜻이다. 이러한 이유로 국내 은행의 해외진출이 최근 들어 증가하고 있는데, 가장 적극적인 은행이 하나금융지주와 신한금융지주다. 하나금융지주는 중국 동북3성에 진출해 상대적으로 해외 은행들과의 경쟁이 낮은 지역에서 경쟁력을 쌓고 있는데, 점진적으로 성과지표가 개선되고 있는 것으로 나타나고 있다. 신한금융지주는 베트남, 캄보디아, 인도네시아, 필리핀, 미얀마, 인도로 이어지는 주요 동남아 금융시장에 진출함으로써 '아시아 금융벨트 구축'이라는 글로벌 사업 전략을 강화하고 있는 중이다.

멘토의 Tip ⑥   신한은행의 성장 전략 및 활용 전략 모색하기

신한은행의 성장 전략을 이해하고 이에 대한 활용 전략을 모색해봅시다.

가계대출의 위험성이 커짐에 따라 은행들의 수익성 확보에 빨간불이 켜진 지 오래입니다. 이에 따라 신한금융지주의 경우 동남아 금융시장에 진출하여 '아시아 금융벨트 구축'이라는 글로벌 전략을 추진하고 있습니다. 취준생 입장에서는 이런 부분을 잘 활용할 필요가 있습니다. 입사 후 포부를 말함에 있어 단순히 해외마켓 전문가가 되고 싶다는 구호만 외칠 것이 아니라 신한은행이 동남아 금융비즈니스를 펼친다면 어떤 그림이 만들어질 것인지를 잘 살펴보고, 이를 구현하기 위해 필요한 역량을 규정해보고

자신의 비전과 역할을 결합시켜보는 노력을 하라는 것입니다. 이런 노력이 바로 진정성이 담긴 지원동기라고 할 수 있습니다. 본문의 여러 내용을 단순히 암기하려는 노력보다는 자신의 조건과 자연스럽게 결합될 수 있는 포인트를 발굴해서 그것을 축으로 자신의 콘텐츠를 만드는 방식으로 이 책을 활용해야 합니다.

히트 상품이 요구되는
새로운 환경

혁신 상품 개발의 필요성

은행산업은 진입장벽이 높아 신규 참여자로 인한 경쟁에서 자유롭다. 반면 예금과 대출이라는 단일 상품 판매를 통해 수익을 창출하는 구조 때문에 다른 제조업이나 IT기업과 달리 시장을 장악할 만한 히트 상품을 찾기 어려웠다. 더욱이 과거 금리가 높고 대출수요가 충분히 많았던 시절에는 금리 경쟁만으로도 충분히 높은 수익성을 창출하였기 때문에 은행 입장에서도 신상품 개발에 대한 수요가 작았다. 하지만 저성장·저금리 기조의 시대에 접어들어 기존의 예대업무만으로는 수익창출의 한계가 나타남에 따라 신상품 개발 및 금융상품 혁신에 대한 노력이 시작되고 있다. 은행뿐만 아니라 증권, 보험, 신용카드, 캐피탈 등 다양한 금융권역과 결합을 통한 신상품 개발, ICT와 접

목한 금융 혁신, 빅데이터를 활용한 혁신상품 개발에 대한 노력이 집
중되고 있다.

대출의 속도는 빠르게, 대상은 다양하게, 만족은 높게

최근 은행이 선보인 신상품 가운데 가장 대표적인 것이 신한은행의
스피드업대출과 우리은행의 위비뱅크WiBee Bank, 그리고 전북은행의 다
이렉트 예금이다. ICT 기술 접목에 따라 순수 모바일에서만 판매가 가
능한 상품인데, 그만큼 상품으로의 접근이 간편하고 은행 입장에서
비용이 적게 발생해 대출금리가 낮거나 예금금리가 높은 특징이 있
다. 특히 모바일 전용 대출상품인 스피드업대출과 위비뱅크는 기존
저축은행이나 신용카드론을 사용해왔던 중간계층의 신용등급자를 위
한 중금리 대출 상품을 공급하고 높은 금리에 이자부담이 높았던 금
융소비자의 높은 만족을 이끌어내고 있다.

타 금융권역과의 결합된 상품 중 대표적인 것으로 신한은행이 2010
년 은행권 최초로 선보인 중고차대출, '신한 마이카대출'이 있다. 이
상품은 중고차 구입을 원하는 고객의 신용등급을 고려해 다른 캐피탈
사보다 낮은 금리로 대출을 공급하고 있다. 이 상품은 매년 3,000억 원
씩 매출이 발생해 5년 만에 2조 원 규모로 크게 성장하였다. 2014년에
는 신한마이카 화물자동차 대출을 출시했다. 이는 그동안 금융 혜택
에서 상대적으로 소외받던 화물차주를 대상으로 낮은 금리의 자동차

대출 상품을 공급해 인기를 끌고 있다.

한편, 신한카드는 카드업계 가운데 가장 활발히 빅데이터를 활용한 상품 개발에 집중하고 있다. 신한카드는 2013년 4월 업계 최초로 앱카드를 출시한 데 이어 12월에 빅데이터센터를 출범시켜 고객의 소비 패턴과 트렌드 흐름을 분석해 고객에게 최적화된 상품과 서비스를 제공하기 위해 노력하고 있다. 한 예로 최근 선보인 Simple+ 카드는 빅데이터를 활용해 분석한 9개의 고객 소비성향 가운데 리얼리스트^{Realist}와 퀸오브하우스^{Queen of House} 등 실속 있고 간편한 서비스를 원하는 고객의 특성에 맞춰 단순하지만 강력한 혜택을 주고 있는 것이다. 이 카드는 출시 이후 시장에서 커다란 관심을 받고 있다.

멘토의 Tip ❼   히트 상품에 대한 자신만의 제안 포인트 만들기

히트 상품에 대한 이해와 함께 자신만의 제안 포인트를 만들어봅시다.

신한은행이 그동안 히트 친 상품에 대해서는 높은 이해도가 필요합니다. 면접에서 히트 상품에 대한 질문이 언제든지 나올 수 있기 때문입니다. 이런 질문을 받았을 때 이해도가 높다면 자신을 어필할 수 있는 좋은 기회가 됩니다. 즉 예상 질문에 그냥 정답만 제시한다는 생각보다는 평소 자신의 관심과 준비성을 보여줄 수 있는 계기로 만들어야 한다는 의미입니다. 예컨대, 스피트업대출과 마이카대출 상품의 경우 중급의 신용등급자들을 타깃으로 히트 친 것인데, 이 상품을 더 고도화시켜서 비용 절감은 물론 매출 효율성을 높일 수 있는 방법은 없을지 연구해보는 식입니다.
정답은 없습니다. 고민한 만큼 노력한 부분이 드러나기 마련입니다. 당연
히 이런 부분이 채용 과정에 많이 반영되도록 노력해야 합니다.

03
해외 시장 동향

중국 은행들의 적극적인 해외진출

미국에서 발행되는 잡지《The Banker》는 매년 7월 세계 1,000대 은행을 발표한다. 여기에는 글로벌 은행산업이 어떻게 변화하는지, 경쟁 관계는 어떻게 형성되어 있는지, 각 국가별 은행산업의 변화와 특징 등 글로벌 은행산업에 대해 자세히 분석하고 있다.

최근 발행된 2015년 세계 1,000대 은행을 살펴보면 중국 은행들이 자본 규모나 수익성 측면에서 최상위권을 차지하는 반면, 금융위기 이전 상위권이었던 글로벌 은행들이 대대적인 구조조정으로 순위가 크게 하락한 것을 알 수 있다. 중국 은행들은 적극적인 해외진출을 펼치고 있어 글로벌 은행산업 내에서의 위상이 더욱 높아질 것으로 예상되는데, 공상은행ICBC은 3년째 1위를 고수 중이며, 2015년 새롭게 2

2015 Top 10 Bank(Tier 1 Capital 기준)

순위(전년)	은행명	국가	Tier 1 자본($m)	인력 수	증감율(%)
1(1)	ICBC	중국	248,608	462,282	13.07
2(2)	건설은행	중국	202,119	373,321	13.2
3(3)	JP Morgan	미국	186,632	233,374	-6.63
4(7)	BOC	중국	184,231	308,128	6.27
5(4)	BofA	미국	168,973	223,715	-20.61
6(9)	농업은행	중국	167,699	493,583	10.32
7(6)	Citigroup	미국	166,519	262,768	-11.59
8(8)	Wells Fargo	미국	154,666	264,452	0.10
9(5)	HSBC	영국	152,739	266,000	-7.74
10(10)	MUFG	일본	117,645	NA	NA

주: 인력 증감율은 2012년 대비 기준

자료: The Banker

개의 중국 은행(BOC 2위, 건설은행 4위)이 Top 5에 진입하였고, 농업은행은 6위를 기록하고 있다.

새롭게 재편되고 있는 세계 은행 순위

금융위기 이전인 2008년 자본 기준 1, 2, 3위였던 글로벌 은행 HSBC, Citi, RBS는 대대적인 사업축소 등 구조개편으로 순위가 9위, 7위, 18위로 하락하였다. HSBC, Citi, RBS 등은 전 사업부문, 전 지역에서 광범위한 매각을 추진 중이며 수익성이 좋은 일부 사업부문을 중심으로 포트폴리오를 재편 중에 있다.

2015년 기준 국내 은행은 6개 은행이 100위권 내에 있는데, Tier 1

capital(기본자본) 기준으로 산업은행이 62위(전년 78위), KB금융 65위(68위), 신한금융 69위(69위), 하나금융 82위(84위), 우리금융 91위(75위), 농협금융 97위(104위)이다. 그 밖에 기업은행이 112위(109위), BNK금융 220위(292위), DGB금융 344위(307위)의 순위였다.

글로벌 시장에서 한국 은행의 위상은 아직 낮다. 국내 은행이 최고의 순위를 기록한 것은 2006년의 순위였는데, 당시 국민은행이 51위를 차지했었다. 하지만 이후 서브프라임 사태와 국내 경기의 저성장·저금리 기조를 맞아 국내 은행의 경쟁력이 낮아짐에 따라 글로벌 순위가 하락한 후 개선되지 못하고 있다.

더 알아보기 4

• 국내 은행의 글로벌 시장 진출 전략

국내 금융회사 간 경쟁이 치열해지면서 금융 포화상태가 초래되고 금융회사의 수익성이 약화되고 있다. 경기위축과 가계부채 부담 증가 등의 영향으로 건전성 관리에 빨간 불이 켜진 데다가, 저금리가 장기화될 조짐을 보이면서 금융회사의 수익성 전망 역시 개선되기 어려워 보인다. 이러한 상황을 극복하기 위한 방법은 비교우위 역량을 발휘할 수 있는 영역으로 금융의 활동 범위를 넓히는 것인데, 최근 서양에 비해 상대적으로 더 가까운 아시아 국가로 진출하는 노력이 확대되고 있다. 특히 글로벌 금융위기 이후 선진국 금융회사들이 해외 투자를 줄이고 있어 시기적으로 좋은 기회인 것으로 판단된다.

지금까지 국내 금융기관들의 해외진출은 아직 초기 단계에 있었다. 국내

주요 은행의 해외진출국 수는 평균 14개 정도에 불과하며, 금융기관 영업
도 대부분 현지인을 대상으로 하기보다는 국내 기업이나 교포, 내국인 위
주로 영업을 하고 있는 수준이었다.

그러나 최근 신한금융지주와 하나금융지주가 영업의 현지화를 위한 노력
을 각각 동남아시아와 중국 등에서 벌이고 있으며, 이에 대한 가시적 성과
가 점차 얻어지고 있는 것으로 파악된다. 특히 과거와 달리 글로벌 대형 은
행이 경쟁하고 있는 시장으로의 진출이 아닌 틈새시장 진출을 통해 시장
지배력을 강화시키고자 하는 노력은 점차 국내 은행의 글로벌 위상을 높
일 수 있는 기회가 될 것으로 판단된다.

더 알아보기 5

• 중국 은행의 해외진출 배경 및 전략

중국 5대 상업은행(공상·건설·농업·중국·교통은행)의 총자산 중 해외 부문 비
중은 2009년 말 6.2%에서 2014년 말 11.6%로 약 2배 증가하였다.
이러한 중국 은행들의 해외진출은 정부 정책에 따른 것인데, 정부의 중
국기업 해외진출 확대 정책(走出去, Going Global), 위안화 국제화 및 일대
일로(一帶一路, 육상·해상 실크로드 건설) 정책 시행으로 인해 해외 금융수요(대
출·보증, 지급결제, 외환 등)가 증대된 것이 주요 배경이다. 또한 중국 은행들
내부적으로도 최근 성장세가 둔화됨에 따라 해외진출을 통한 신시장 발
굴 및 사업 다각화의 필요성이 대두되었기 때문이다.

중국 은행은 은행별로 차별화된 해외진출 전략을 구사하고 있다. 공상은
행(ICBC)은 총자산 기준 세계 최대 은행으로서 글로벌 은행을 목표로 적
극적으로 해외 진출을 추진함에 따라 전세계 41개 국가에 338개의 해
외 네트워크 보유와 더불어 해외진출 기업 지원업무 등 해외 투자은행 업

무를 적극적으로 육성 중이다. 교통은행은 중국 내 5대 은행으로서 중국 은행 다음으로 높은 해외사업 비중을 기록하고 있으며, 교통은행은 대주주인 HSBC(2014년 말 지분율 18.7%)와 전략적 제휴관계를 맺고 글로벌 채널 공유, 위안화 무역결제 및 역외 위안화 채권 발행 등의 업무에서 협업하고 있다.

한편, 해외진출 방식에 있어서도 사무소, 지점, 법인의 유기적(Organic) 진출 방식뿐만 아니라 현지 은행 인수를 통한 비유기적(In-organic) 진출 방식도 적극적으로 활용하고 있는데, 인수 대상으로는 주로 대형·선도(Tier1) 은행들보다는 지역 내 우량 중소형(Tier2~3) 은행을 선호하고 있다.

〈표 1〉 중국 5대 상업은행들의 해외사업 비중 변화 추이

(단위: 십억 위안)

은행	총자산 (2014년 말)	세전이익 (2014년 말)	해외자산 비중		해외이익 비중	
			2009년 말	2014년 말	2009년 말	2014년 말
중국은행(BOC)	15,251	231	20.1%	29.9%	22.5%	23.0%
교통은행	6,268	85	6.1%	10.3%	5.0%	7.3%
공상은행(ICBC)	20,585	362	3.3%	9.3%	4.1%	6.4%
건설은행	16,400	170	2.4%	5.6%	0.9%	2.4%
농업은행	15,896	232	0.6%	3.7%	0.8%	1.8%

주: 총자산은 은행그룹 간 중복거래 제거기준이며, 건설은행 총자산은 2014년 6월 말 기준, 순이익은 2014년 상반기 기준
자료: 우리금융경영연구소

〈표 2〉 중국 주요 은행의 해외은행 인수 실적

은행	시기	내용
공상은행	2010.1	홍콩 동아은행(Bank of East Asia) 캐나다법인 지분 70% 인수
	2010.4	태국 ACL 은행 지분 97.2% 인수
	2011.8	남아공 스탠다드은행(Standard Bank) 아르헨티나 지분 80% 인수
	2012.5	홍콩 동아은행 미국법인 지분 80% 인수
	2014.1	남아공 스탠다드 은행 런던법인 지분 60% 인수
	2014.4	터키 Tekstilbank 지분 75.5% 인수
건설은행	2013.11	브라질 BIC Banco 지분 72% 인수
	2015.6	인도네시아 원두은행(Bank Windu) 지분 인수
교통은행	2015.5	브라질 Banco BBM 인수

자료: 우리금융경영연구소

해외진출에 대한 자신만의 기획안에 도전해봅시다.

해외시장 진출은 최근 은행업계의 화두라고 해도 과언이 아닐 겁니다. 본문의 더 알아보기에서 설명하고 있는 내용들을 참고해서 자신만의 기획안을 한번 만들어보기 바랍니다. K-POP과 K-Cosmetic이 동남아를 강타했듯이, K-Bank를 히트시킬 방법은 없는지 각자 고민해보기 바랍니다. 좋은 아이디어가 있어 자소서나 면접 과정에서 활용한다면 자신을 어필하는 데 큰 도움이 될 겁니다.

04

채널의 변화가 가져온 장·단점

비대면채널의 급속한 성장

은행은 두 가지의 채널을 가지고 있는데, 대면채널과 비대면채널이다. 대면채널은 은행의 지점을 의미하며 비대면채널은 ATM/CD, 인터넷뱅킹, 모바일뱅킹 등 사람과의 접촉이 없는 채널을 의미한다. 전통적으로 은행은 대면채널의 중요성이 높았다. 이는 은행의 주요 상품인 예금과 대출이 현금의 이동을 전제로 하고 있어 개인정보의 이동이 동반될 수밖에 없기 때문이었다. 특히 2014년 신용카드 개인정보 유출 사태 이후 개인정보에 대한 규제가 강화되고 있어 대면채널의 중요도는 여전히 높다.

그러나 저금리와 저성장 영향으로 은행의 수익성이 약화되고 있고, IT 기술의 발전으로 비대면채널을 이용한 금융거래가 증가하면서 은

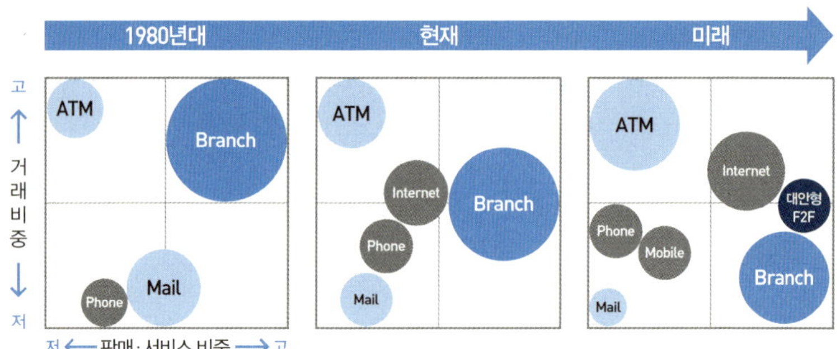

자료: 한국금융연구원

행 지점의 생산성이 크게 저하되고 있다. 과거와 달리 은행의 점포는 고객 거래 초기에 관계를 형성하고, 유지를 위한 채널로 전락하고 있는 중이다. 이에 따라 은행은 수익성 제고를 위한 영업 채널의 변화를 위해 노력하고 있다. 특히 글로벌 선진 은행이 인터넷뱅킹과 함께 다양한 금융서비스를 제공하는 모바일 앱으로 모바일뱅킹을 제공하는 데 주력하고 있어 국내 은행의 영업채널 전략에도 변화가 일어날 것으로 예상된다.

이러한 변화는 은행의 입출금 및 자금이체 같은 단순 거래에서 창구 이용 비중이 지속 하락하고, 지점 수도 소폭 감소하는 등의 거래채널 구조 변화를 통해 확인할 수 있다. 인터넷뱅킹 및 모바일뱅킹이 활성화되면서 입출금 및 자금이체 등 단순거래의 지점 창구 이용 비중은 11% 수준으로 하락했다. 이를 반영해 국내 은행의 지점 수는 2010년 6,525개에서 2012년 6,757개까지 증가했지만 2013년 6,708개로 감소하고 지금도 감소세가 진행 중에 있다.

반면 ATM/CD, 인터넷뱅킹, 모바일뱅킹 등 비대면 채널의 이용 비중은 89%로 높아진 상태이며 최근에는 모바일뱅킹의 이용 비중이 가파르게 높아지고 있다. 2015년 3월 말 기준 모바일뱅킹 등록 고객 수는 6,408만 명으로 2013년 말 4,993만 명보다 28%나 증가했다. 2011년 말 모바일뱅킹 고객 수가 2,200만 명에 불과한 점을 고려하면 급격한 성장인데, 이는 전적으로 스마트폰 기반의 IT 기술 발전에 따른 것이다.

스마트폰뱅킹을 이용한 건수도 일평균 4,006만 건(조회 및 자금이체)이며, 총 금액은 2조 1,971억 원으로 개인 인터넷뱅킹 이용실적 대비 건수 기준 65%, 이용금액 기준 대비 40%의 비중을 차지하고 있다. 또한 모바일 카드의 발급 장수는 1,772만 장으로 2013년 말 대비 282% 증가했으며, 일평균 거래금액은 301억 원으로 2013년 대비 350% 증가했다.

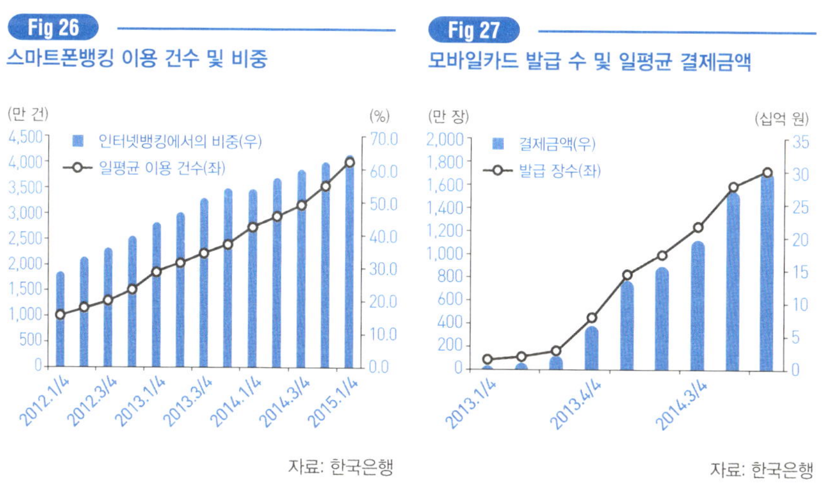

자료: 한국은행

자료: 한국은행

모바일뱅킹, 다양한 금융상품 공급 채널로 발전 기회

이러한 채널의 변화 속에서 은행이 고민하고 있는 점은 모바일뱅킹이 급속도로 증가하고 있어 창구거래나 인터넷뱅킹을 흡수·대체하는 역할을 하고는 있지만, 수수료 부과의 어려움 등 자체적인 수익모델 창출에는 한계가 있다는 점이다. 물론 비대면 채널의 비중 증가는 은행으로 하여금 인력 구조조정의 기회를 가질 수 있어 비용 측면에서 수익성 개선 효과가 있을 것이다. 하지만 이는 1차적인 혜택으로 본질적 채널의 효율성을 감안할 때 자체적인 수익창출 모델을 가지게끔 변화하는 것이 필요하다.

최근 은행들은 채널의 문제를 의식하고, 과거 자금이체나 계좌조회 등의 단순 업무 위주의 활용에서 벗어나 대출·보험 등 다양한 금융상품을 공급할 수 있는 채널로 발전을 꾀하고 있다. 개인화된 상품 및 서비스, 전문적인 수준의 금융자문, 고도의 편의성을 제공하는 원스톱쇼핑 개념의 금융서비스로 대별되는 고객 니즈의 저점으로서 비대면 채널의 활용도를 높인다면 국내 은행의 영업채널은 진화를 계속해나갈 것이다.

 **은행의 채널 전략에 대해 탐색해봅시다.**

은행의 채널 전략에 대한 이해는 취업을 준비하는 데 있어 매우 중요한 요소입니다. 기업은 당연히 수익을 추구하므로 영업채널에 대한 지원자의 이해도나 마인드 검증을 철저히 할 수밖에 없기 때문입니다. 특히 은행의 비대면채널 비중이 커지면서 이에 대한 대응 전략이 중요해졌습니다. 그렇다고 해서 지점망 같은 대면채널이 무시된다는 뜻은 아닐 겁니다. 대면채널은 오히려 비대면채널의 비중 확대에 맞춰 새롭게 진화해 나가야 합니다. 만일 본인이 지점 영업직을 희망한다면 기존에 우리가 알고 있던 그런 영업 전략을 떠올려서는 안 됩니다. 대면채널의 진화 방향에 대한 이해도를 갖고 전략을 탐색해봐야 합니다. 간단히 설명하자면, 이제 대면채널로 찾아오는 고객은 단순 업무처리보다는 컨설팅에 대한 니즈를 갖고 있을 개연성이 높다고 보고, 이에 대한 자신의 강점이나 재능을 말할 수 있어야 하는 것입니다.

05

핀테크의 등장,
한 단계 업그레이드된 금융시장

최근 ICT 기술이 발전하면서 소비자가 원하는 서비스의 편리함은 이전보다 더 진화하고, 이러한 소비자의 욕구를 빠르게 충족시키는 다양한 금융서비스가 은행이 아닌 다른 곳에서 공급되기 시작하고 있다. 이러한 서비스를 '핀테크FinTech'라 하는데, '금융'을 의미하는 Financial과 '기술'을 뜻하는 Technique의 합성어로 모바일 결제, 송금, 개인 자산관리, 크라우드 펀딩 등을 아우르는 'ICT와 금융을 결합한 융합 서비스'를 의미한다.

처음에 핀테크는 소액지급결제 서비스 중심으로 발전을 시작해 최근에는 인터넷전문은행, P2P 크라우딩 대출 서비스 등 은행이 영위하는 다양한 업무로 사업 영역이 확대되고 있는 중이다.

핀테크 선발주자, 다음카카오

국내에서는 다음카카오가 처음으로 핀테크 시장에 진출하였는데, '카카오톡Kakao Talk'에 기반한 '카카오페이Kakao Pay'와 '뱅크월렛카카오 Bankwallet Kakao'를 통해 모바일 결제서비스 및 소액 송금 등의 서비스를 제공하고 있다. 카카오페이는 카카오톡 앱에 신용카드 정보를 등록해 놓은 뒤 인터넷 쇼핑몰 등에서 물건을 살 때 비밀번호 입력만으로 간단히 결제할 수 있는 서비스다. 신용카드는 최대 20개까지 등록할 수 있으며, 30만 원 이하의 결제에서는 공인인증서가 필요하지 않다. '뱅크월렛카카오'는 송금과 소액결제 등이 가능한 금융서비스로 기존 은행계좌와 연계된 가상의 전자지갑을 만들어 사용하는 구조다.

카카오페이 결제 프로세스

자료: 다음카카오

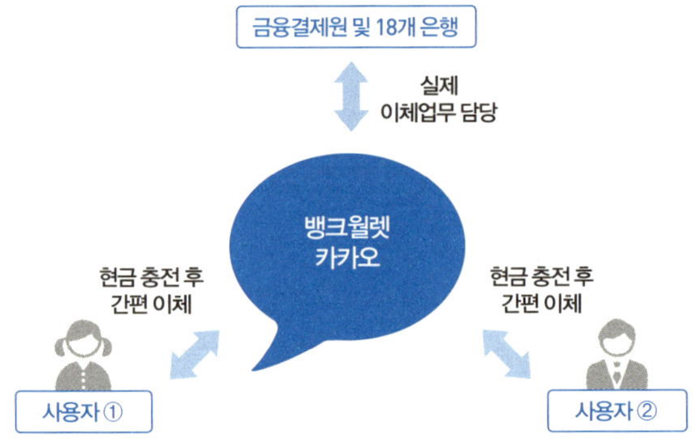

자료: 다음카카오

인터넷전문은행 육성을 위한 정부의 규제 정비

최근 정부는 인터넷전문은행을 육성하고자 관련된 규제를 정비하고 있다. 우리나라 IT 분야의 인프라를 활용하고 금융 부문의 경쟁력을 제고함과 동시에 소비자의 금융 편익을 제공하는 것이 목적인데, 2015년 말까지 1~2개의 인터넷전문은행 설립 허가를 계획하고 있다.

인터넷전문은행은 영업점 없이 온라인 또는 ATM만으로 은행 서비스를 제공하는 형태다. 이미 해외에서는 미국 20개, 유럽 30개, 중국 2개, 일본 8개의 인터넷전문은행이 운영되고 있는데, 우리나라에서도 인터넷전문은행이 설립되면 소비자는 은행 지점을 가지 않고 모든 업무(은행계좌 개설부터 대출까지)를 온라인상에서 할 수 있게 된다. 그만큼 소비자의 편의성은 높아지게 되는데, 반대로 은행 입장에서는 신규 참여자가 은행업을 영위하기 때문에 경쟁이 심화되는 우려가 제기되고 있다.

구분	일반 은행	인터넷전문은행
주요 채널	대면채널(지점, 사무소, 출장소) *비대면채널도 이용이 증가하고 있으나, 수익 의존은 대면채널에 치중	비대면채널(인터넷, 모바일)이 대부분
서비스	풀뱅킹 서비스(대면, 비대면 모두 활용)	주로 소매금융에 집중 및 특화
영업 시간	평일 9시~16시	24시간 365일
상품	온·오프라인 상품 구분	구분 없음

자료: The Banker

현재 '다음카카오-한국금융지주-KB', 'KT-우리은행-BC카드', '인터파크-NHN엔터-기업은행' 등의 컨소시엄이 구성되어 참여를 계획하고 있다.

P2P 전문 대출업체의 증가

한편 최근에는 국내에서 '8 percent', 'LendIt' 등과 같은 P2P^{Peer to peer Lending} 전문 대출업체가 증가하고 있다. P2P 대출은 은행 등 전통적 의미의 금융회사를 거치지 않고 온라인 플랫폼을 통해 연결된 개인과 개인 또는 개인과 기업이 직접 돈을 빌려주고 받는 대출을 의미한다. 평균적으로 13~15%대의 대출금리가 적용되기 때문에 10% 이내의 대출금리를 적용하는 은행과 경쟁구도는 아니지만 저축은행, 캐피탈, 대부업 등과의 경쟁구도를 지니고 있는 것으로 평가된다. 다만 향후 고객군이 커지고 대출 잔액이 커질 경우 은행과의 경쟁 구도도 형성될 수 있을 것으로 예상된다.

• 신개념 대출 프로그램, 크라우드 대출

P2P 대출은 은행 등 전통적 의미의 금융회사를 거치지 않고 온라인 플랫폼을 통해 연결된 개인과 개인 또는 개인과 기업이 직접 돈을 빌려주고 받는 대출을 의미한다. P2P 대출은 자금 모집의 특성상 대출형 크라우드펀딩Crowd-funding이라 한다. P2P 대출 중개회사는 자금의 차입자와 투자자를 온라인 플랫폼상에서 연결해주는 중개자 역할만 담당할 뿐 차입자의 채무불이행에 따른 책임을 부담하지 않는다. 이에 P2P 대출 중개회사는 차입자가 등록한 정보의 신뢰성을 높이기 위해 자체 신용평가 혹은 외부 신용평가기관과 제휴를 통해 정보분석 기능을 제공한다. 차입자는 일반 금융기관보다 저렴한 금리로 신속하게 대출받는 장점이 있고, 투자자는 리스크의 대가로 높은 수익률을 얻을 수 있다. P2P 대출 중개회사는 차입자와 투자자의 수요를 만족시키는 플랫폼을 제공하고 수수료를 얻는 셈이다.

• 대표 P2P 대출, 렌딩클럽LendingClub

대표적인 P2P 대출 사례로는 미국의 렌딩클럽이 있다. 2006년 샌프란시스코에 설립되어 2014년 말 시가총액 90억 달러로 뉴욕증시에 상장된 이 회사는 미국 최대의 P2P 대출업체다. 개인대출은 등급에 따라 1,000~35,000달러, 중소기업은 15,000~100,000달러 규모로 대출이 이뤄진다. 온라인 전문 대출업체이므로 지점은 없고, 2014년까지 620억 달러의 대출 실적을 갖고 있다. 지식기반 패스워드knowledge based authentication, 대외역검증out-of-band authentication, 행동분석behavioral analytics, 전자지문 등을 활용하여 사기를 예방하는 것에 주력한다. 렌딩클럽 투자자는 신용등급이 다른 많은 대출자들로 구성된 대출포트폴리오를 만들어 리스크를 분산시키면서 적정수익률을 얻는 방식으로 투자한다. 대출별 투자는 25달러 단위로 이루어지며, 만약 2,500달러를 투자한다면 최대 100개의 대출을 엮을 수 있다. 렌딩클럽의 평균 대출금리는 13.9%이고, 투자자가 얻는 평균 수익률은 8.6%로 집계된다. 따라서 렌딩클럽이 얻는 수수료 등 제반 마진은 5.3% 내외로 추산이 가능하다.

대출 비즈니스의 진화상을 살펴봅시다.

핀테크, P2P 대출과 같은 용어 개념은 명확하게 이해하고 있어야 합니다. 지금 당장은 아니지만 향후 이들 시장규모가 커지게 되면 은행으로서도 대응 전략에 고심할 수밖에 없기 때문입니다. 면접에서도 'P2P 대출 시장이 커지는 것에 대해 어떻게 생각하는가?' 와 같은 질문이 나올 수 있습니다.

관련 자료 찾아보기 ❹
검색 키워드, 'P2P 대출'

'P2P 대출'을 키워드로 해서 최근 현황과 시장 움직임에 대해 구체적으로 이해해두기 바랍니다. '더 알아보기 6'에서 설명하고 있는 미국 사례도 잘 챙겨두기 바랍니다. 해외 사례와 관련해서는 최근 구글과 아마존 같은 인터넷기업의 뱅킹 비즈니스 참여에 대해서도 구체적인 내용을 살펴보기 바랍니다. 인터넷기업이 아니고 일반 은행인 신한은행에 줄 수 있는 메시지가 분명히 존재할 것입니다.

매출에 영향을 주는
거시경제 환경

저성장·저금리 시대의 도래로 수익성 악화

2008년 금융위기 이후 저성장·저금리 시대가 도래함에 따라 은행의 수익성은 크게 약화되고 있다. 국내 거시환경이 저성장이라 은행의 대출성장률이 약화되고 있고, 또 다른 거시환경이 저금리라서 은행의 순이자마진도 하락세를 지속하고 있다.

과거 은행의 대출성장률은 명목 GDP 성장률의 2배 이상이었지만, 명목 GDP 성장률이 크게 낮아지면서 현재는 두 지표상의 차이가 크게 줄어들었다. 현재는 명목 GDP 성장률에 물가상승률을 더한 실질 GDP 성장률만큼만 대출성장이 이루어지고 있다. 이는 국가경제의 성장동력이 크게 낮아져 기업의 설비투자가 감소하는 것 등에 기인한다. 특히 금융위기 이후 한국은행의 기준금리는 5%대에서 1.5%로 크게 낮아져 이자비용에 대한 부담이 낮아졌다. 이는 과거보다 대출을 받았을 때 이자비용이 크게 줄어든 것과 같은 것인데, 그럼에도 불구하고 대출을 공급받고자 하는 수요가 점차 축소되고 있는 것은 더 이상 자금을 대출받아 투자할 곳이 없기 때문이다.

설비투자 가라앉고, 콘텐츠 사업 떠오르며 대출수요 낮아짐

과거 국내 GDP 성장을 견인했던 산업은 조선, 건설, 자동차, 정유, 해운업 등 수출 중심의 산업이었다. 이들 산업의 설비투자는 규모가 크기 때문에 은행으로부터 대출을 공급받아 투자를 할 수밖에 없었다. 하지만 최근에는 글로벌 경기 둔화로 더 이상 설비투자를 할 여력이 낮아져 GDP 성장에 기여가 낮아졌고 대출수요도 낮아질 수밖에 없다.

물론 최근 국내 산업에서 신성장동력을 인정받고 있는 산업도 있는데, 이는 과거 전통적인 제조업이 아닌 제약, 바이오, 미디어, 게임산업 등이다. 이것들은 주로 콘텐츠 사업으로서 전통적인 수출 중심의 산업과 달리 설비투자에 대한 부담이 작다. 따라서 이들 산업의 성장이 높아지더라도 과거처럼 은행으로부터 대출을 공급받고자 하는 수요는 커지기 어려울 것으로 판단된다.

최근 부동산시장이 회복기를 보이면서 가계를 중심으로 주택담보대출의 성장세가 높게 나타나고 있지만 우리나라 경제 전체가 회복기

GDP 성장률과 기업대출 성장률

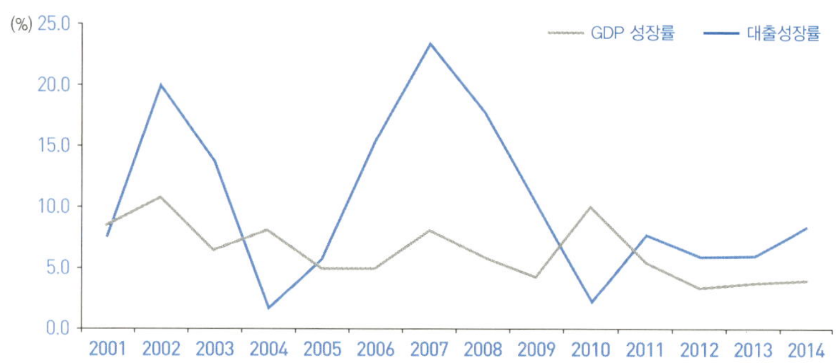

주: 대출성장률은 매년 말잔 기준으로 전년대비 성장률

자료: 한국은행

에 접어들지 않는다면 주택담보대출의 성장세도 한계가 있을 수밖에 없다. 따라서 향후 은행의 대출성장률은 실질 GDP 성장률 이상으로 높아지기는 어려울 것으로 예상된다.

정부의 대출금리 프라이싱 규제

저금리 기조는 국내 은행의 순이자마진 하락을 지속시키고 있다. 금융위기 이전 국내 은행의 순이자마진은 평균 2.7%대였지만 2015년 2/4분기 현재 1.71%까지 하락했다. 이는 2008년 말 5.0%에 달하던 한국은행의 기준금리가 1.5%까지 하락한 영향과 가계부채 리스크를 고려한 정부가 내놓은 은행 대출의 프라이싱 규제 때문이다.

우선 한국은행의 기준금리가 인하되면 시장금리가 하락하고 대출과 예금금리가 이를 반영하며 하락하게 된다. 대출과 예금금리의 시장금리 반영 속도에 차이가 나긴 하지만 하락하는 폭은 비슷하기 때문에 시장금리의 하락폭만큼 순이자마진도 하락한다. 실제 2008~2010년 동안 기준금리 인하를 반영해 은행의 순이자마진이 하락했었다.

여기서 재미있는 것은 2011년 초에 한국은행이 기준금리를 인상했지만, 국내 은행의 순이자마진은 하락세를 지속했고, 특히 이자이익의 감소세가 본격적으로 나타났다는 점이다. 보통 기준금리가 인상되면 시중금리가 상승하기 때문에 은행의 순이자마진은 상승하고, 이자이익도 증가해야 하지만 2011년에는 반대 현상이 나타난 것이다. 앞에서도 언급하였지만 이것은 정부의 대출금리 프라이싱 규제 때문이다. 글로벌 경기 둔화로 가계의 소득이 증가하지 못하는 가운데 부채가 크게 늘어 이자부담이 가중되자 정부는 가계부채 리스크를 우려해 시중 은행으로 하여금 대출금리가 오르지 못하도록 규제를 적용했고, 이로 인해 대출금리가 하락하고 은행의 순이자마진과 이자이익이 감소하는 현상이 나타났던 것이다.

실제로 2012~2014년 동안 은행의 예금금리는 1.39%포인트 하락한 데 반해 신규 대출금리는 1.61%포인트 하락했고, 가계대출의 경우 2.04%포인트나 하락했다. 은행의 운용수익률이 조달비용률보다 더 크게 하락하는 것은 대출시장에서의 경쟁이 심화될 때 나오는 현상이다. 금융위기 이후 은행의 대출성장률은 실질 GDP 수준에 불과해 경쟁이 심화되었다고 보기 어렵다. 여기에는 '보이지 않는 힘'이 작용했다고 판단

2000년 이후 순이자마진(NIM)과 이자이익 추이

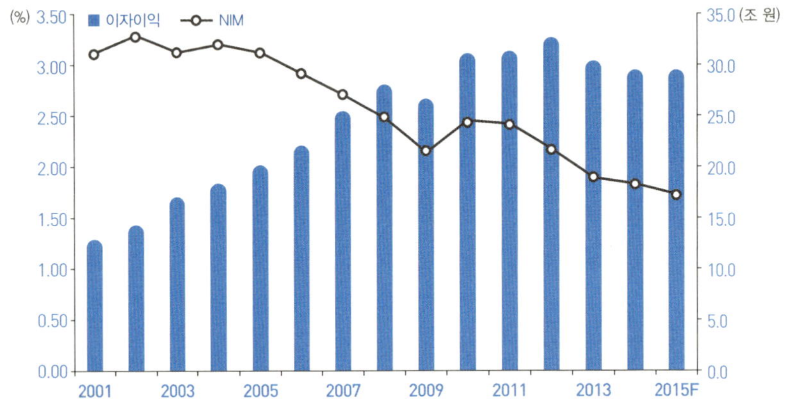

자료: 한국은행

기준금리 및 대출 – 예금금리와 스프레드

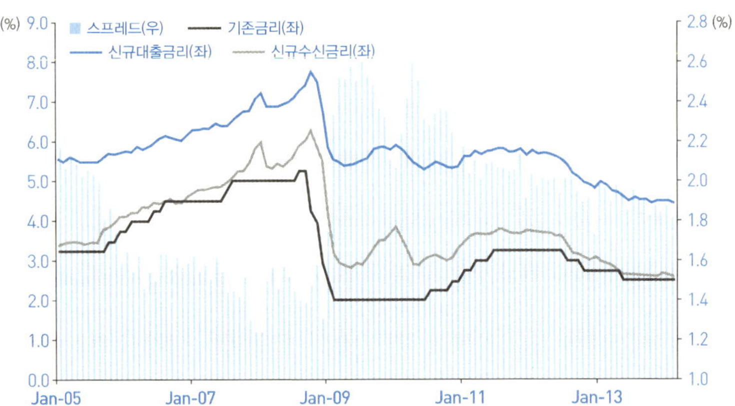

자료: 한국은행

하는데, 2011년 이후부터 정부가 발표한 다양한 정책들(가산금리 담합, CD 금리 담합, 대출 수수료 인하 등)에 따른 결과로 판단하고 있다.

따라서 국내 은행의 순이자마진이 회복되기 위해서는 두 가지 명제가 실현되어야 한다. 첫째는 한국은행의 정책금리 인상에 따른 시장금리 상승, 둘째는 가계부채 리스크 완화다. 어쨌든 한국은행의 기준금리를 인상하고, 가계소득이 증가해 부채 리스크가 완화되기 위해서는 한국의 거시경제가 개선되어야 한다. 이는 다시 말하면 글로벌 경제회복이 전제되어야 실현될 수 있는 문제다.

멘토의 *Tip* ⑪ 새로운 수익원 확보로 취업준비 전략방향 설정하기

새로운 수익원 확보라는 주제에 취업준비 전략의 방향을 설정해 봅시다.

이미 앞에서도 설명했지만 은행의 수익성 개선을 위해서는 시중금리의 상승세로의 전환, 가계부채의 건전성 회복이 전제되어야 합니다. 하지만 글로벌 경제의 회복세가 미미한 상황이므로 단기적인 기대는 어려운 현실입니다. 따라서 경영의 포커스도 새로운 수익원 확보에 맞춰질 수밖에 없습니다. 신입 직원을 선발할 때 이런 노력에 기여할 수 있는 사람을 선발하겠다는 것은 너무나 당연한 일입니다.

경영 이슈: 기술 발전과 금융위기가 가져온 변화

최근 국내 금융업에서는 '인터넷전문은행', '은산분리 규제 완화', '최저자본금 하향' 등이 핫이슈라고 할 수 있습니다. 더불어 1997년 금융위기 이후 은행의 대출공급태도가 보수적으로 바뀌며 높아진 대출문턱에 대해 소비자 불만이 커지고 있어 이에 대한 대책을 고민해볼 필요가 있습니다. 2008년 서브프라임 사태 이후 금융기관에 대한 자본비율 규제가 크게 강화되었는데, 이 규제가 '바젤 III'라는 것, 그리고 이전의 '바젤 II'와 어떤 차이점이 있는지도 함께 알아두면 좋습니다.

01

뉴노멀 환경을
극복하기 위한 노력

2008년 금융위기 이후 세계 경제는 저성장, 저금리, 저물가, 저출산 등의 뉴노멀 경제 환경으로 진입했고, 국내 경제 환경도 예외는 아니다. 수출 중심의 산업 구조였던 국내 경제 환경은 글로벌 경기 둔화로 성장률이 크게 낮아졌고, 경기 부양을 위한 저금리 기조 지속과 고령화에 따른 생산인구 감소 등으로 성장동력을 잃고 있다.

글로벌 은행 벤치마킹의 사례: ICT와의 결합

뉴노멀 환경에서 국내 은행은 대출성장률 둔화, 순이자마진 하락 등으로 인해 수익성이 악화되는 경험을 하고 있다. 또 이러한 상황을 극복하기 위해 글로벌 은행을 벤치마킹하여 새로운 시도를 하고 있다. 가장 대표적인 사례가 ICT와의 결합이다.

일례로 핀테크로 대표되는 인터넷전문은행은 글로벌 선진 은행들이 저성장, 저금리 기조의 고착화로 인해 금융상품의 수익률이 전반적으로 하락하자 도입한 것이다. 다시 말해 수익성이 낮아지니 원가 구조를 개선시키기 위해 오프라인 점포의 판관비를 축소하는 형태로 도입하고 발전시킨 것이다. 글로벌 선진 은행들은 텔레뱅킹을 시작으로 인터넷뱅킹, ATM 네트워크 인력 대체 등에 적극적으로 나섰다. 이러한 가운데 오프라인 점포 및 관련 비용을 절감하여 수익성을 좀 더 보완하고자 ICT 기술을 접목하여 인터넷전문은행이 도입되었다. 특히 인터넷전문은행들은 모은행의 역량을 적극 활용하며 금융상품 교차 판매나 편의점 체인망 활용, 전자상거래상의 지급·결제 업무 특화, 오토론 혹은 학자금 대출 등 다양한 니치 마켓(Niche market, 틈새시장)을 공략하는 차별화 전략에 성공하며 안정적 수익원을 확보하였다.

국내에서는 은행이 직접 인터넷전문은행을 영위하는 것을 반대하고 있어 비은행 금융사 또는 ICT 기업 중심의 컨소시엄 참여를 통한 제휴 형태로 설립을 계획하고 있다. 또한 온라인 채널의 강화를 통해 중금리 대출 상품을 공급하는 형태 등 다양한 ICT 기술과의 접목을 고민하고 있다.

우선 인터넷전문은행의 경우 국내 은행은 비은행금융사 또는 ICT 기업 주축 컨소시엄의 10% 지분만큼 참여할 수 있다. 이는 금융당국에서 은행이 단독으로 인터넷전문은행을 설립하거나 대주주로 참여

인터넷전문은행을 설립하기 위해 만들어진 컨소시엄

컨소시엄	업종	신규고객 확대 방법
다음카카오 한국금융지주 KB	플랫폼 증권 은행	다음카카오 플랫폼 기반 뱅킹서비스 확대 컨소시엄 기업들의 공동 마케팅
KT 교보생명 우리은행 BC카드	통신 생명보험 은행 카드	통신사 고객 대상으로 한 뱅킹서비스 우대 컨소시엄 기업들의 공동 마케팅
인터파크 SKT NHN엔터 NH투자증권 기업은행	온라인쇼핑몰 통신 게임, 결제, 인터넷 증권 은행	온라인쇼핑 고객 및 중소기업 대상 뱅킹서비스 우대 컨소시엄 기업들의 공동 마케팅

자료: 교보증권

할 경우 인가 및 심사 과정에서 불이익을 줄 것으로 발표했기 때문이다. 당초 은행은 독자적으로 인터넷전문은행의 설립을 계획하다가 정부 방침에 따라 컨소시엄 참여로 방향을 바꾸고 준비하고 있다. 현재 KB금융, 우리은행, 기업은행이 인터넷전문은행의 컨소시엄에 참여하고 있는 것으로 나타났는데, 2015년 중 1~2개의 컨소시엄이 허가를 받을 것으로 예상된다.

인터넷전문은행 운영 위한 관련 법 정비

국내 금융시장에서 인터넷전문은행이 본격적으로 운영되기 위해서는 관련 법 규제의 정비가 필요한데, 이와 관련하여 대표적인 이슈가

'은산분리 규제 완화'와 '최저자본금 하향'이다. 국내 금융시장은 산업 자본의 은행 소유를 엄격히 분리하는 은산분리를 적용하고 있어 비금융회사(산업자본)가 은행의 의결권 있는 지분을 4% 이상 소유할 수 없다. 따라서 최근 인터넷전문은행 설립 컨소시엄에 참여한 비금융회사들(다음카카오, KT, 인터파크 등)은 지분 참여가 4% 이하로 제한되어 있다. 이 때문에 관련법 정비가 요구되고 있다. 또 국내 은행법은 은행 설립에 있어 최소 자본금을 1,000억 원으로 규정하고 있는데, 인터넷전문은행 설립을 확대시키기 위해 설립 자본을 낮추는 방안도 요구되고 있다. 관련법 정비는 국회의 의결 통과가 필요하기 때문에 지켜봐야겠지만, 정부의 인터넷전문은행 육성에 대한 의지가 높아 국회 통과 가능성에 대한 시장의 기대가 높다.

Fig 35

은행권 모바일뱅킹 서비스 강화

은행	모바일 신상품	주요 내용
신한은행	스마트 WM 센터	우수고객 대상 모바일 일대일 맞춤 상담서비스 제공
	Speedup 직장인 대출	중간 신용 등급 직장인 대상 5~6%대 금리 제공 모바일 전용 신용 대출
국민은행	KB 급여이체 신용 대출	재직·소득 관련 서류 없이 최고 1억 원 이내 대출 가능
	KB WISE 직장인 대출	영업점 방문 없이 최고 1억 5,000만 원 이내 대출 가능
우리은행	비콘 서비스	사물인터넷(IoT) 핵심 기술인 비콘을 활용, 영업점별로 특화된 금융서비스 제공
	위비뱅크 출범	중금리 소액 대출 및 간편 송금서비스 제공
기업은행	I-One 뱅크 출시	창구 방문 없이 비대면으로 상담부터 가입까지 모든 금융거래 가능
	IBK ONE 페이	선불 충전식 지급 결제 서비스인 IBK ONE 머니에 P2P 간편 송금, 모바일 결제 편의 기능 등 추가
BNK 금융	핀테크 모바일 카드	부산은행과 경남은행이 공동으로 출시한 'BNK 카드'를 바탕으로 한 모바일 전용 신용카드
대구은행	비콘 서비스	금융 상품 안내와 모바일 쿠폰 등을 제공

자료: 교보증권

국내에 인터넷전문은행이 설립된다면 은행은 기존의 대출업무 이외에 ICT 기업들이 가지고 있는 고객정보와 핀테크 기술을 활용한 새로운 수익창출이 가능해질 것이다.

한편, 국내 은행들은 인터넷전문은행과는 별도로 자체의 모바일뱅킹서비스를 강화하고 있다. 이는 온라인상에서만 예금과 대출상품을 공급하는 채널이 다양해지는 것을 의미한다.가장 대표적인 것이 신한은행의 '스피드업대출'과 우리은행의 '위비뱅크', 그리고 전북은행의 '다이렉트 예금'이다. ICT 기술 접목에 따라 순수 모바일에서만 판매가 가능한 상품이다. 덕분에 상품으로의 접근이 용이해서 은행 입장에서 비용이 적게 발생하므로 대출금리가 낮거나 예금금리가 높아 소비자의 높은 만족도를 이끌어내고 있다.

멘토의 Tip ⑫ 인터넷전문은행 성장에 대한 대응 전략 모색하기

인터넷전문은행의 성장에 대한 대응 전략을 고민해봅시다.

은행산업이 ICT와 결합하면서 새로운 상품과 서비스가 등장하고 있습니다. 인터넷은행이라는 주제도 사실 알고 보면 시중 은행들이 기존에 하고 있던 영역이라고 보면 됩니다. 인터넷전문은행을 육성해보겠다는 정부의 의지가 결합되면서 이슈화한 것입니다. 이제 인터넷전문은행이 본격적으로 커진다면 신한은행은 어떤 대응 전략이 필요할지에 대해 고민해둬야 할 것입니다.

'인터넷전문은행'을 키워드로 관련 자료들을 읽어보기 바랍니다. 시중 은행들의 대응 전략에 대해서 어떤 제안을 하고 있는지 잘 챙겨보기 바랍니다. 한편, 모바일뱅킹에 대한 이해는 물론 직·간접적인 경험치를 축적해 둘 필요가 있습니다. 자신의 경험담이 실려 있는 스토리 라인이 준비되어야 자신이 어떤 일을 어떻게 해보고 싶다는 주장이 설득력을 얻을 수 있기 때문입니다. 따라서 '인터넷전문은행', '모바일뱅킹'의 관련 내용과 이슈 부분을 이해하고 주변 지인이나 자신의 경험담을 만들어보기 바랍니다. 어떤 부분에서 개선이 더 필요한지 그리고 어떤 아이디어로 완성도를 높일 수 있는지 등의 관점에서 고민해보기 바랍니다.

02

높아진 은행 대출문턱과
소비자 불만

국내 금융소비자들이 가지고 있는 불만 가운데 가장 많이 거론되는 것은 은행의 높은 대출문턱이다. 국내 은행은 신용등급 1~5등급 사이에 있는 고객들에 한해 대출을 공급하고 있다. 이로 인해 은행의 대출을 이용할 수 없는 저신용계층은 저축은행, 캐피탈, 대부업 등의 고금리 대출 상품을 이용할 수밖에 없어 이자부담의 가중에 따른 신용 경색 우려가 지속적으로 제기되고 있다.

특히 금융위기 이후 은행의 대출공급 태도가 매우 보수적으로 바뀌면서 가계대출에서 은행이 차지하는 비중이 지속적으로 줄어들었다. 또 은행의 비중이 줄어든 만큼 고금리 대출 상품을 제공하는 비은행의 비중이 높아졌다. 금융위기 이전 22% 수준에 불과하던 비은행의 가계대출 비중은 현재 30%를 상회한다.

비은행 금융기관의 대출금리는 은행권 대출금리 평균인 4.9%를 크게 상회하는데, 상호금융부터 대부업까지 금리 범위는 6.0~34.7%에 달한다. 특히 최근 가계대출이 빠르게 성장하는 저축은행, 캐피탈 같은 경우 평균 금리가 21~25%에 달해 저소득 계층의 이자부담을 가중시키고 있다.

최근 이러한 금융소비자의 불만이 제고되어 은행권에서 중금리 신용대출을 취급하기 시작하였다. 이는 기존 은행에서 취급이 어려웠던 신용등급인 5~6등급 고객에 한해 소액의 대출을 금리 연 10%대로 공급하는 상품이다. 특히 핀테크 및 인터넷전문은행에 맞물려 은행이 스스로 고객을 창출하고자 하는 노력과 함께 은행별로 시행이 확산되고 있다.

마지막으로 은행권에 해당되는 것은 아니지만 정부가 대출이자율의 상한을 기존 34.9%에서 29.9%로 낮추고자 입법을 준비하고 있다. 이는 시장금리가 지속적으로 낮아졌음에도 불구하고 이자상한선이 34.9%로 높아 괴리가 크고, 그 괴리만큼 저신용계층의 이자부담이 커져 가

자료: 한국은행

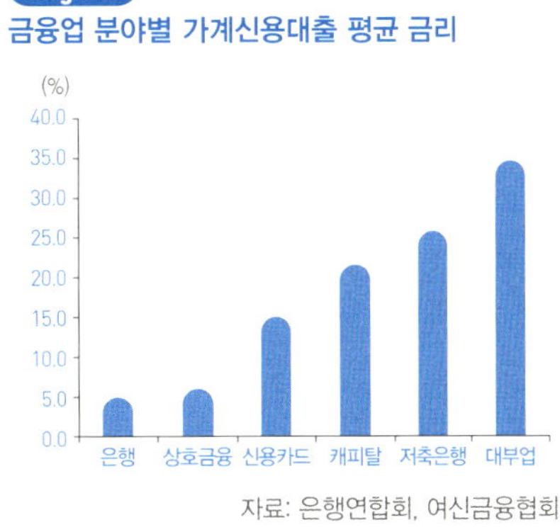

자료: 은행연합회, 여신금융협회

계부채의 위험이 높아지고 있다는 판단에 따른 것이다. 이자상한선이 29.9%로 낮아지면 대부업, 저축은행, 캐피탈의 대출금리가 하락하고 저신용계층의 이자부담이 크게 감소할 수 있을 것으로 예상된다.

멘토의 Tip ⑬   지점 방문 경험 묻는 질문에 대비하기

면접에서 지점 방문 경험을 묻는 질문에 대비합시다.

본문의 내용과 직접적인 관련성은 낮지만 현장을 경험하는 소비자의 목소리를 이해하고 이를 고객관계 개선의 계기로 활용하려는 자세가 무엇일지에 대해 각자 고민해볼 필요가 있습니다. 면접관이 우리 은행 지점에 방문해본 적이 있는지, 그리고 여타 은행과는 어떤 차이점들이 있는지를 물어본다면 여러분은 어떻게 대답하시겠습니까? 이런 유형의 질문에 대답하는 유용한 전략은 영업 현장에 대한 자신만의 체험과 개선 포인트 내지는 장점 극대화 방법 등을 정리해두는 것입니다. 적어도 은행권 지원자라면 지점 방문 경험을 묻는 질문에 대한 대비가 철저하게 준비되어야 합니다.

03

글로벌 금융기관에 대해
강화된 자본비율 규제, 바젤 III

2008년 서브프라임 사태 이후 글로벌 금융기관에 대한 자본비율 규제가 크게 강화되었는데, 이러한 규제를 바젤 III라 한다. 바젤 III의 핵심은 자본비율의 대상이 보통주 자기자본에 있다는 점이다.

서브프라임 사태 이전에도 금융기관의 자본비율은 바젤 II로 규제받아왔다. 하지만 바젤 II에서는 제시하는 자본의 범위가 너무 넓어 금융기관의 모럴헤저드가 발생하여 규제의 효율성이 떨어졌고, 결과적으로 서브프라임 사태를 초래시켰다. 당시 글로벌 금융기관은 심각한 유동성 위기를 겪었지만 바젤 II 기준의 자본비율은 모두 기준치를 크게 상회하는 모순된 모습을 보였었다.

이에 따라 전 세계 각국의 감독기관들은 자본규제의 강화를 요구하였고, 이러한 요구는 보통주로 구성된 자본만을 자본비율의 자본으로

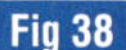

Fig 38

바젤 자기자본 규제의 변천사

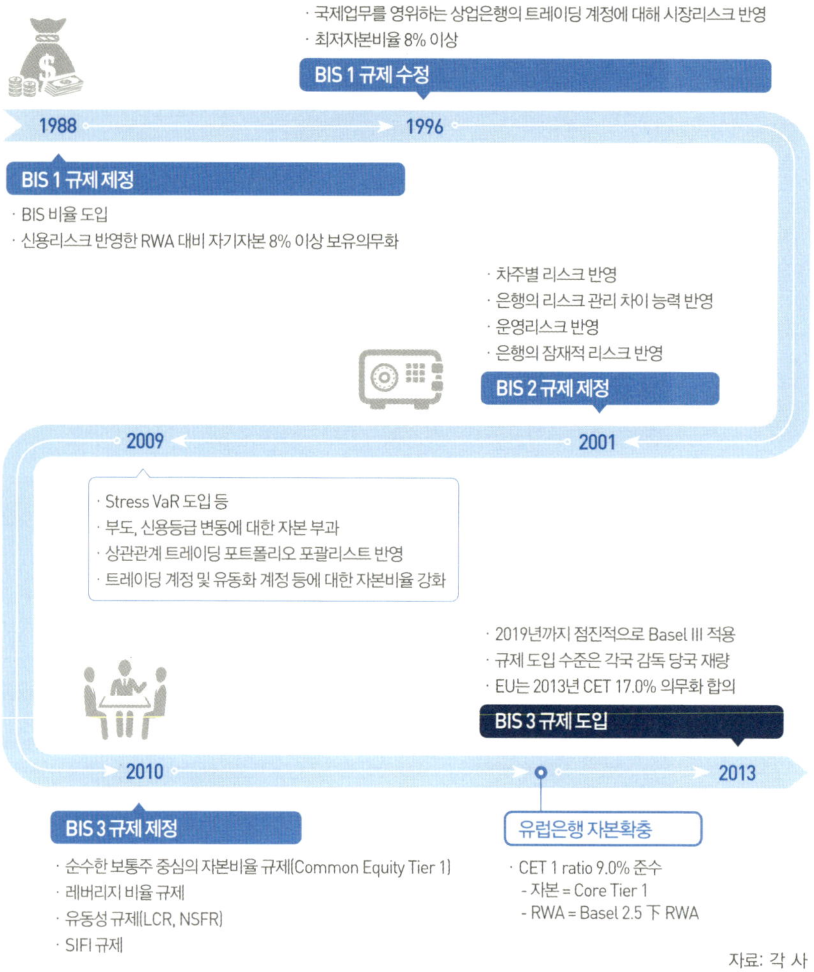

자료: 각 사

인정하고, 이외의 것들인 우선주, 영업권 등 바젤 II에서 자본으로 인정되어 오던 항목을 자본으로 인정하지 않는 바젤 III 규제에 합의하였다.

바젤 III 규제 하에서는 보통주 자기자본이 감독 당국에서 요구하는

수준을 상회하지 못할 경우 배당이 제한되고 필요에 따라서는 유상증자 등 자본 확충을 요구하고 있다. 이에 가장 큰 영향을 받았던 것은 글로벌 대형 은행들이었다. 글로벌 대형 은행은 1980년대 규제가 완화되기 시작하면서 M&A를 통해 성장해온 것이 대부분이라 바젤 II 기준 자본에서 영업권이 차지하는 비중이 상당히 높았다. 바젤 III에서는 이러한 영업권을 자본으로 인정하지 않기 때문에 자본비율이 크게 하락하고 자본을 확충해야 하는 필요성이 컸었다.

반면 국내 은행은 서브프라임 사태 동안 유동성 위기를 거의 겪지 않았는데, 이는 국내 은행산업에서 큰 규모의 M&A가 없어 영업권이 거의 없었기 때문이다. 글로벌 은행과 달리 국내 은행은 바젤 II와 바젤 III 적용시 자본비율이 크게 변화하지 않는 견조함을 보여왔다.

하지만 금융당국은 글로벌 금융시장의 변동성이 확대되고 있었기 때문에 글로벌 은행보다 더 강도 높은 규제를 적용해 자본잉여를 강조하고 배당을 크게 제한해왔다. 이러한 흐름 속에서 국내 은행의 배당 성향은 15% 이내로 과거 25% 수준보다 크게 감소할 수밖에 없었다.

최근 글로벌 금융시장이 안정을 찾아가고 국내 은행의 자본비율도 견조함을 유지함에 따라 배당에 대한 규제가 점차 완화되고 있다. 2014년 말까지 국내 은행의 배당 성향은 아시아 국가 중 거의 꼴찌에 해당했다. 더불어 저성장 기조와 맞물려 국내 은행 주가는 가장 낮은 밸류에이션을 기록했다.

하지만 2015년부터는 은행이 독립적으로 배당 성향을 결정할 수 있게 되면서 자본비율이 충분한 은행은 25% 수준까지 배당 성향이 높아질 수 있을 것으로 예상된다. 현재의 주가 수준에서 25%의 배당 성향은 3%의 배당수익률을 가져다줄 수 있는데, 이는 1년 만기 정기예금의 금리보다 높은 수준이기 때문에 현저하게 낮은 은행 주가의 밸류에이션을 증대시킬 수 있을 것이다.

Fig 39

한국은행의 배당 성향

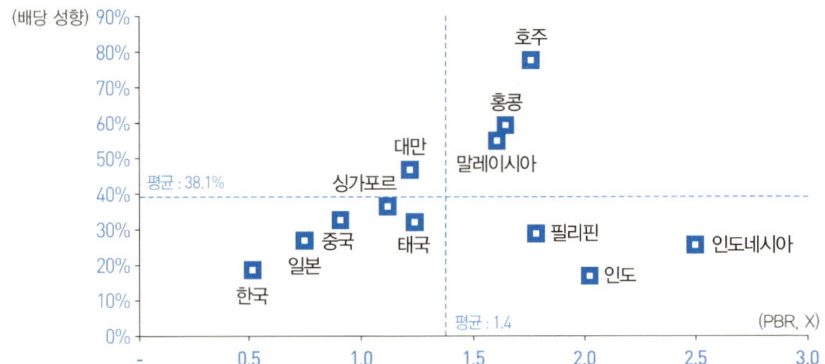

자료: HMC투자증권

Fig 40

한국은행의 보통주자본비율(CET1 ratio)

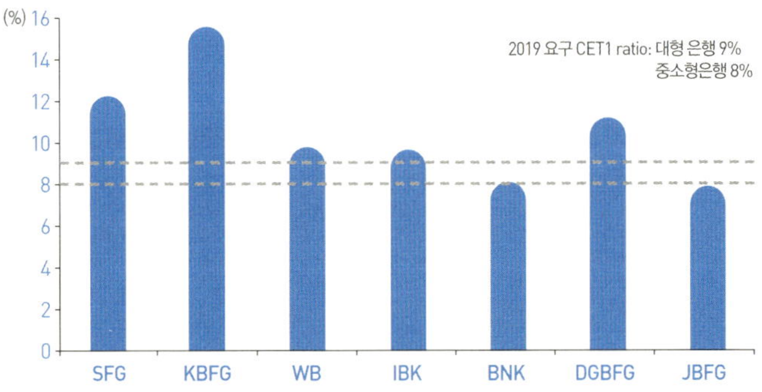

자료: HMC투자증권

바젤협약에 대한 내용 숙지하기

바젤협약에 대한 개략적인 내용은 숙지합시다.

은행의 자본 건전성 규제와 관련하여 바젤 II 및 바젤 III 협약이 무엇인지에 대한 개략적인 내용 정도는 숙지해두기 바랍니다. 자세한 내용까지는 요구하지 않겠지만, 상식 점검 차원에서 바젤 II와 바젤 III가 어떻게 다른지를 물어볼 개연성은 상당히 높습니다.

경영 요소:
은행에서 카드,
금융투자까지

신한은행은 신한카드, 신한금융투자, 신한생명, 신한BNP Paribas 자산운용, 신한캐피탈, 제주은행, 신한저축은행과 함께 신한금융그룹을 구성하고 있습니다. 이 중 신한은행은 신한금융지주의 밑거름이 되었고, 현재 국내 은행업 중 가장 수익성이 높습니다. 신한은행의 높은 수익 비결인 규모의 경제, 범위의 경제가 구체적으로 어떤 것들인지 파악해봅시다.

01
신한금융그룹
조직도

신한금융그룹은 금융업을 영위하는 자회사를 보유한 금융지주회사다. 현재 신한은행, 신한카드, 신한금융투자, 신한생명, 신한BNP Paribas 자산운용, 신한캐피탈, 제주은행, 신한저축은행 등 12개의 자회사를 보유하고 있어, 국내 금융지주회사 중 사업 다각화가 가장 잘 되어 있는 회사다. 이는 각각의 자회사들이 업종 내에서 높은 경쟁력을 보유하고 있기 때문이다.

신한은행은 은행업종 내에서 가장 수익성이 높은 회사로 연간 1.5조 원의 순이익을 창출하고 있다. 또 신한카드는 점유율 22%로 업종 내에서 가장 높으며 연간 6,000억 원의 순이익을 창출하고 있다. 이 밖에 신한금융투자는 증권업종 내에서 5위권에 있으며, 신한생명은 은행계 금융지주회사의 생명보험사 중 자산 규모와 수익성이 가장 높다. 이렇듯 신한금융그룹은 은행 및 비은행 자회사가 외형 및 수익성

신한금융그룹 현황

자료: 신한금융그룹

측면에서 타 금융지주회사 대비 절대 우위를 보이고 있다.

신한금융지주의 밑거름이 된 신한은행 역사

1982년 재일동포 341명이 출자해 설립된 신한은행은 당시 중소기업 중심 여신만 취급하는 중소은행이었다. 하지만 2001년 금융지주회사로 전환한 뒤 조흥은행을 인수하여 규모의 경제를 달성하였고, 이후 LG카드, 신한생명, 굿모닝투자증권 등 비은행 금융회사를 인수하여 범위의 경제까지 달성하였다. 국내 금융기관 중 유일하게 규모와 범위의 경제를 동시에 달성한 신한금융지주는 물리적 결합뿐만 아니라 화학적 결합까지 성공적으로 달성했다.

이처럼 국내 금융회사 중에서 유일하게 규모와 범위의 경제를 달성할 수 있었던 배경에는 확고한 지배구조가 있는 것으로 판단된다. 지금도 신한금융지주의 보유 지분 가운데 15~20%는 재일동포 주주로 구성되어 있으며, 사외이사 10명 가운데 4명이 재일동포로 구성되어 있다. 그룹의 주요한 의사결정 과정에서 재일동포 주주와 사외이사들은 큰 영향력을 행사하고 있다. 또 국내 대형금융지주 회사 가운데 지배구조가 가장 뚜렷해 상대적으로 관치로부터 자유로울 수 있는 경쟁력이 있고, 결국 이러한 독립적 지배구조가 지속가능한 의사결정의 수립을 가능하게 해 신한금융지주의 성장의 밑거름이 된 것으로 판단된다.

Fig 42

신한금융지주의 총자산과 시가총액

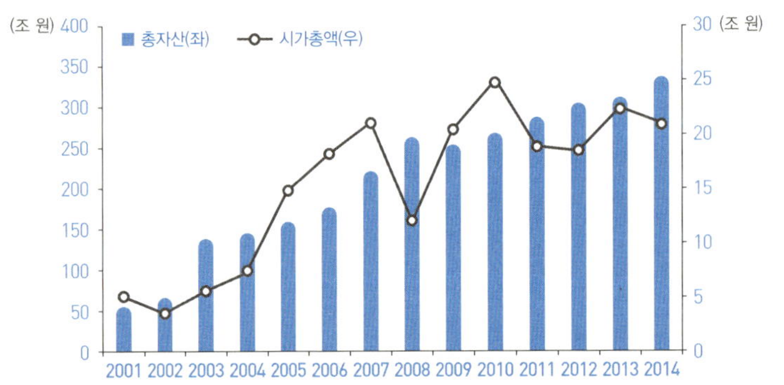

자료: 금융감독원

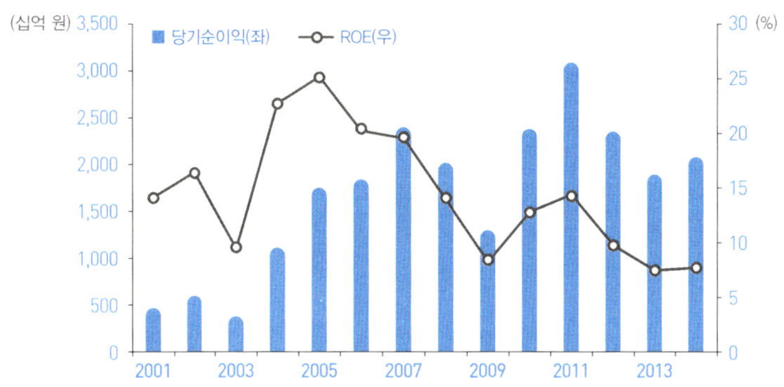

멘토의 Tip ⑮ 신한은행의 '규모와 범위의 경제' 의미 파악하기

신한은행이 갖고 있는 '규모의 경제'와 '범위의 경제' 의 의미를 이해합시다.

본문에 '규모의 경제'와 '범위의 경제'라는 표현이 나옵니다. 보통 규모의 경제는 제조업에, 그리고 범위의 경제는 금융업에 적용되는 용어입니다. 규모의 경제는 생산량을 증가시킴에 따라 평균적인 비용이 오히려 감소하는 현상을 의미하며, 범위의 경제는 한 기업이 여러 상품 라인을 판매하는 것이 각 상품들을 각각의 기업에서 생산하는 것보다 생산비용이 줄어드는 것을 의미합니다. 즉, 은행은 다양한 금융상품을 론칭하고 있는데 산업 특성상 이를 각각의 금융기업이 만들어 판매하는 것보다 비용 측면에서 더 유리한 점을 갖고 있다는 것입니다. 그래서 금융산업은 규모의 경제가 존재하기도 하지만 상품의 다양성 측면에서 범위의 경제도 함께 존재할 수 있는 것입니다. 물론 모든 금융회사가 범위의 경제를 누릴 수 있는 것은 아니므로 참고하기 바랍니다.

02
신한
은행

국내 빅 3 중 하나

2014년 말 신한은행의 총자산은 237조 원으로 국민은행(271조 원), 우리은행(256조 원)과 함께 빅 3라는 경쟁관계에 있다. 전체 지점 수는 921개(국내 901개, 해외 20개 등)이며, 임직원 수는 14,058명이다. 2003년 조흥은행 인수 이전까지만 해도 신한은행의 총자산은 66조 원에 불과했다. 조흥은행 인수를 통해 대기업여신 등 기업여신 부문의 경쟁력이 높아졌고, 과거 중소기업 대출만 취급해오며 가졌던 자산건전성 노하우를 접목시켜 외형 성장, 자산건전성, 수익성을 동시에 개선시키는 데 성공해왔다.

자료: 신한금융그룹

효율적인 수익성과 리스크 관리로 인한 주가 프리미엄

신한은행은 기업과 가계여신의 포트폴리오가 58:42 수준이며, 효율적인 수익성과 리스크 관리를 통해 국내 은행권 내에서 가장 뛰어난 경쟁력을 보유하고 있는 것으로 평가받고 있다. 실제로 금융위기 이후 신한은행은 시중 은행 중 가장 높은 ROE(자기자본이익률)를 보여줬으며, 주식시장에서도 가장 높은 주가 프리미엄을 받고 있다. 특히 금융위기 이전에는 경쟁관계에 있던 KB은행보다 주가 디스카운트를 받았지만, 뛰어난 리스크 관리를 통한 경영실적을 보여줌으로써 금융위기 이후부터는 오히려 주가 프리미엄을 받고 있다.

신한은행의 리스크 관리 능력은 상대적으로 중소기업 및 소호SOHO대출(개인사업자대출)의 비중이 높음에도 불구하고 연체율 및 부실 여신 비율이 낮다는 점에서 확인할 수 있다. 국내 은행이 취급하는 여신 가운데 위험 순위를 나열하면 '소호여신 〉 비외감 중소기업 〉 가계여신 〉 대기업여신'과 같다. 신한은행은 경쟁 은행 대비 소호여신과 비외감 중소기업여신의 비중이 높은 편이다. 그럼에도 불구하고 신한은행의 자산건전성 지표인 연체율과 부실여신 비율은 업계 내에서 가장 우수한 수준이다.

신한은행의 대출 구성

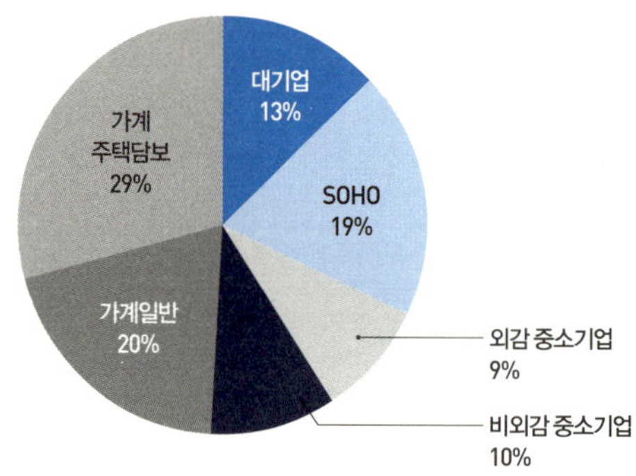

자료: 금융감독원

신한은행의 연체율과 부실여신 비율 – 뛰어난 자산건전성 나타나

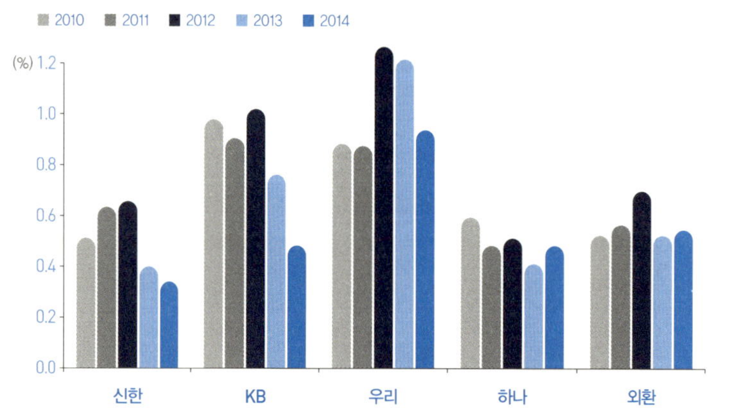

자료: 금융감독원

03

신한
카드

신한카드는 개인신용판매액 기준 시장점유율 22%로 국내 최대 신용카드사다. 2위권 신용카드사인 KB, 삼성, 현대카드의 시장점유율이 각각 15% 수준인 점을 감안하면 신한카드 시장점유율은 굉장히 높은 것이다. 이처럼 신한카드 시장점유율이 절대적인 것은 과거의 신한카드, 조흥카드, LG카드가 합쳐져 운영되고 있기 때문이다.

당초 신한카드는 신한은행의 카드 사업부였는데, 2002년에 분사되어 자회사로 운영되기 시작하였다. 2006년 신한은행과 조흥은행이 합병될 때 조흥은행의 카드 사업부를 분사하여 신한카드로 합병하였다. 또 2006년 LG그룹으로부터 분리된 LG카드와 합병하여 지금의 신한카드를 탄생시켰다. 현재 신한카드는 시장점유율뿐만 아니라 자산건전성, 수익성 지표 등 모든 부문에서 부동의 1위 경쟁력을 가지고 있다.

신용카드업의 분류: 은행계 카드사와 전업계 카드사

국내 신용카드업은 은행계 카드사와 전업계 카드사로 구분되는데, 롯데카드, 현대카드 등 은행을 보유하지 않은 그룹의 카드회사를 전업계라 한다. 전업계 카드사보다는 은행계 카드사가 영업 환경 측면에서 좀 더 유리한데, 그 이유는 신규 회원을 유치할 때 은행 지점 및 고객 활용이 가능하기 때문이다. 특히 신용카드의 시장포화도가 높은

Fig 47

신한카드의 역사

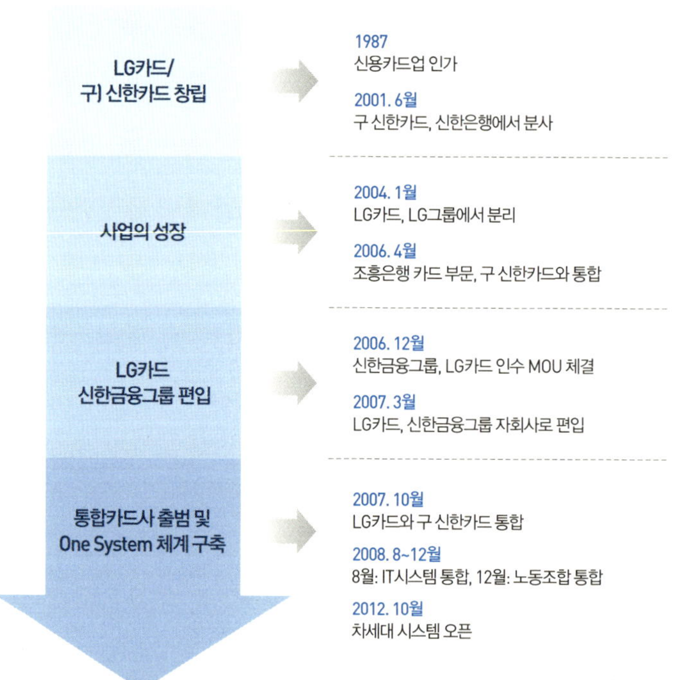

자료: 신한금융그룹

지금 상황에서는 더욱 그렇다. 또한 은행계 카드사는 모회사인 금융지주회사의 신용등급이 높아 자금 조달 측면에서도 전업계 카드사보다 우위에 있다.

리스크 관리에 대비한 습관 만들기

리스크 관리에 대비한 습관이나 노하우로 스토리를 만들어봅시다.
신한은행의 고유 경쟁력 중 하나는 대출관리 능력입니다. 경쟁 은행 대비 위험 집단에 대한 대출 비중이 상대적으로 높은 편이지만 부실화율은 오히려 낮게 관리되고 있습니다. 그만큼 은행 내부적으로 대출심사나 관리능력이 뛰어나다는 의미입니다. 취업준비생 입장에서는 이 부분과 관련하여 평소 자신이 리스크를 관리하는 습관이나 노하우 등으로 스토리를 만들어두면 좋겠습니다. 신한은행의 리스크 관리 측면이 자신의 성향이나 장점과 잘 결합된다는 점을 부각할 수 있다면 자신만의 훌륭한 콘텐츠가 될 수 있기 때문입니다.

04

신한
금융투자

금융투자업계 5위권의 대형 증권사

신한금융투자는 이익 규모에서 금융투자업계 5위권에 꼽히는 대형 증권사다. 2009년 9월 굿모닝신한증권에서 신한금융투자로 사명을 변경했는데 '금융투자'라는 사명을 업계 최초로 사용한 것은 자본시장법 시행 이후 넓어진 업무 영역을 활용해 다양한 수익원을 창출하겠다는 의지의 표현이다. 실제로 다양한 비즈니스 취급에 대한 업무 영역 개척에 적극적이며, 투자와 금융상품에 대한 노하우를 꾸준히 축적하면서 지주회사 계열사에 공급하는 역할을 담당하고 있다.

타 대형증권사와 마찬가지로 신한금융투자는 순영업수익 내 수수료 수익 비중이 40% 내외로 높고 대부분을 수탁수수료(브로커리지)가 차지한다. 주식 브로커리지 부문에서는 2012년 이후 영업력 집중을 통해 약정 점유율을 높여가고 있다. 다만 점차 위탁매매 비중을 줄이고 자산관리, IB, 이자수익 등의 비중이 커지는 추세인데, 점차 다양한 수익원을 창출한다는 측면은 긍정적으로 평가할 수 있다. 신한금융투자의 경우 금융상품을 만들기 위해 PI(Principal Investment, 자기자본직접투자), IB(Invest Bank, 투자은행) 등 다양한 업무경험이 필요하며 이 과정에서 자산관리, 투자업무, 금융수지에 대한 수익 비중이 점차 커져갈 것으로 전망된다.

신한
생명

경기 부진에 따라 성장 정체

신한생명은 보험료 수익 기준 업계 6위, 순이익 기준 업계 7위의 생명보험사다. 2005년 말 신한지주에 편입된 이후 운용리스크 관리, 보험판매망의 확대로 다양한 판매채널과 일반보험 중심의 판매 구조로 양호한 실적을 시현했다.

다만 최근 경기 부진에 따른 생명보험시장의 성장 정체로 실적은 하향 추세에 있다. 더욱이 저금리 기조와 더불어 글로벌 생명보험에 대한 회계기준이 강화되고 있어 업계의 펀더멘털은 둔화되고 있는 중이다.

06

신한은행의
글로벌 시장 진출

이머징 아시아와 일본에 집중

신한은행은 해외 20개 영업점(지점 8개, 사무소 3개, 현지법인 9개)을 운영하고 있다. 2015년 상반기 신한은행의 해외이익 비중은 약 10%, 지주의 해외이익 비중은 6% 수준이다. 아직은 해외이익의 비중이 작지만 국내 금융시장의 성장이 지속적으로 하향 추세에 있어 해외진출과 현지화 전략은 미래의 생존에 있어 중요하다. 신한은행은 이머징 아시아(베트남, 인도네시아)와 일본(SBJ은행)의 현지화 전략에 집중하고 있다.

특히 최근에는 베트남 지역의 현지화 노력에 집중하고 있다. 신한베트남 은행은 현지인으로 구성된 30만 명의 고객을 확보하고 14개의 점포를 운영하고 있다. 대출 규모 및 수익성 측면에서 HSBC에 이어 2위이며, 한국계 은행으로는 유일하게 신용카드업을 영위하고 있는 중이다.

07

재무제표로 살펴보는
신한금융지주의 밸류에이션

은행업 특성상 제조업과 구분되는 지표들

은행의 재무제표는 일반 제조업과 다르다. 은행은 제조업처럼 상품의 제조와 판매를 통해 이익을 창출하는 것이 아니라, 예금을 통해 자금을 조달하고 이를 원천으로 대출을 판매하여 이자이익을 수취하기 때문이다. 따라서 제조업의 매출과 같은 개념이 이자수익이며, 매출 총이익은 이자수익에서 이자비용을 차감한 순이자이익과 같은 것이다. 그리고 순이자이익과 비이자이익을 합한 것에서 판매관리비를 차감한 것을 '충당금적립전이익'이라 하는데, 이는 제조업의 '영업이익'과 같은 개념이다. 또 충당금적립전이익에서 대손충당금을 차감한 것을 세전이익이라 한다.

밸류에이션에서도 은행은 제조업과 다르다. 일반적으로 증권사의 애널리스트를 비롯한 자본시장 참여자들은 기업의 가치를 판단하고 적정 주가를 산정하기 위해 밸류에이션을 하는데, DCF(Discount Cash Flow, 현금 흐름 할인법), RIM(Residual Income Model, 잔여이익모델), 상대가치방법(Price Multiple) 등을 활용한다. 증권사 애널리스트들이 가장 많이 쓰는 방법은 상대가치방법인데, 대표적인 것이 PER(Price to Earnings Ratio, 주가수익비율)와 PBR(Price to Book Ratio, 주가순자산비율)이다. 보통 제조업에서는 PER 밸류에이션을 많이 사용하는데, 은행의 밸류에이션에는 PER보다는 PBR을 주로 사용한다.

이익변동성이 큰 은행은 밸류에이션 측정에 PBR 선호

은행의 밸류에이션에 PER 대신 PBR을 사용하는 이유는 이익 변동성이 크기 때문이다. 은행의 이익은 대손충당금 발생 여부에 따라 매분기 또는 매년 큰 폭의 변동성을 보이기도 한다. 일례로 금융위기 당시 많은 업종의 경기 악화로 부실이 발생했을 때 은행은 대손충당금이 크게 증가하며 분기마다 적자와 이익을 반복하며 큰 변동성을 보여주었다. 제조업에서는 이와 같은 이익 변동성이 잘 발생하지 않는다. 따라서 순이익으로 밸류에이션을 해야 하는 PER 방법은 이익의 변동성이 큰 은행에는 적합하지 않고 이로 인해 변동성이 잘 나타나지 않은 순자산가치로 밸류에이션을 하는 PBR을 선호한다.

신한금융지주의 실적 흐름과 이를 통한 밸류에이션

금융위기 이전 신한금융지주는 연간 2조 원의 순이익을 창출하였다. 하지만 금융위기 동안 많은 업종의 부실에 따른 대손충당금 발생했고, 기준금리 인하에 따른 시장금리 급락 등으로 순이익이 1조 원 초반대로 하락하였다. 다만 2010년부터 정상적인 펀더멘털로 회복되면서 3조 원에 달하는 순이익을 달성하였다가, 2014년에는 2조 원 초반대로 순이익 레벨이 낮아졌다.

2014년 신한금융지주의 순이익은 2조 811억 원이며 ROE는 7.7% 수준에 달한다. 금융위기 이후 회복세를 보이던 펀더멘털은 최근 순이자마진의 하락에 따라 다시금 약화되고 있는 중인데, 과거 3.6% 대였던 순이자마진은 2014년 3.1%까지 하락하였다. 이와 같은 순이자마

Fig 48

신한금융지주의 손익계산서

(단위: 십억 원)

	2010	2011	2012	2013	2014
총영업이익	8,571	9,166	8,565	7,965	8,062
순이자이익	7,785	7,080	6,969	6,603	6,790
수수료이익	-82	1,759	1,574	1,759	1,469
기타비이자이익	868	327	-22	-24	-197
일반관리비	4,219	4,135	4,062	4,203	4,463
순영업이익	4353	5,031	4503	3,763	3,599
영업외손익	146	58	39	44	213
충당금적립전이익	4,206	5,089	4,542	3,806	3,812
제충금액	1,118	896	1,257	1,125	944
세전계속사업이익	3,089	4,193	3,286	2,681	2,868
법인세	718	920	752	623	338
당기순이익	2,371	3,273	2,534	2,059	2,200

신한금융지주의 대차대조표

(단위: 십억 원)

	2010	2011	2012	2013	2014
현금 등가	14,685	15,072	13,832	16,549	20,809
유가증권	54,824	62,058	66,617	67,999	73,577
대출채권	176,929	192,434	199,443	205,472	221,341
기타	15,959	18,204	20,593	20,886	42,776
자산총계	**266,090**	**288,118**	**300,849**	**311,297**	**338,022**
예수부채	153,083	163,430	170,581	179,209	194,139
차입부채	59,617	59,770	57,732	57,634	60,308
기타	30,192	38,059	43,757	44,594	53,060
부채총계	**242,892**	**261,259**	**272,069**	**281,437**	**307,507**
자본금	2,590	2,645	2,645	2,645	2,645
이익잉여금	8,956	10,830	12,499	14,194	15,870
자본총계	**23,198**	**26,198**	**28,780**	**29,860**	**30,515**

진의 하락은 가계부채 우려에 따른 금융당국의 대출금리 프라이싱 규제 때문인데, 거시환경이 개선되어 가계의 소득이 증가하는 시점까지 금융당국의 규제는 쉽게 해소되기 어려울 것으로 판단된다.

　다만 금융위기 동안 순이익을 크게 훼손시켰던 대손충당금은 크게 개선된 모습인데, 금융위기 동안 0.97%까지 상승했던 대손비용률(총 대출 대비 대손충당금)은 최근 0.43%로 정상적인 수준까지 낮아졌다. 이는 금융위기 이후 부실여신을 빠르게 정리하는 등 사후 관리를 잘해왔기 때문이다.

참고

PER=시가총액/당기순이익
ROE(%)=당기순이익/자기자본×100
PBR=시가총액/자기자본 (즉, PBR=PER×ROE)

향후 신한금융지주는 연간 2.0~2.3조 원의 순이익을 달성할 수 있을 것으로 예상되는데, ROE 기준으로는 약 7% 수준이다. 금융위기 이전 ROE가 15~20%였던 점을 감안하면 펀더멘털이 크게 약화된 모습이지만, 이는 국내 은행 모두에서 나타나는 현상이다. 과거보다 대출성장률이 크게 감소하고 순이자마진도 크게 낮아졌기 때문이다. 한마디로 말하면 국내 은행산업이 성숙기로 접어든 데 따른 결과라 할 수 있다.

주가 밸류에이션 측면에서는 ROE가 낮아졌기 때문에 주가도 낮아질 수밖에 없는데, 자본비용 10%, 영구성장률 2%를 적용하면 PBR 밸류에이션은 0.63배 수준이다. 과거 ROE가 15% 이상이었을 때는 PBR 밸류에이션이 2.0배까지도 도달했으며 2000년 이후 평균적인 PBR 밸류에이션은 약 1.2배 수준이다. 은행산업 자체가 성숙기에 도달해 성장에 대한 기대감이 낮아지고 순이익 레벨도 낮아졌기 때문에 과거보다 주가 프리미엄은 낮아질 수밖에 없다.

다만 PBR 밸류에이션이 상대가치의 비교라는 점에서 경쟁관계에 있는 KB금융보다는 높은 주가 프리미엄을 받고 있는 것을 알 수 있다. 앞에서도 언급했지만 금융위기 이전 신한금융지주는 KB금융보다 낮은 밸류에이션을 받아왔다. 그러나 금융위기 동안 뛰어난 리스크 관리능력을 보여주면서 상대적으로 대손충당금의 부담을 적게 발생시켜 실적의 우위를 보여줬고, 그 이후부터는 순이익 규모와 ROE 레벨에서 더 높은 수준을 시현하고 있는 중이다. 이러한 펀더멘털의 전환을 반영해 주가 프리미엄이 바뀌어버린 것이다.

한편, 금융위기 동안 바젤 III 규제 하에서 정부가 은행의 배당을 제한했던 것이 최근 완화되는 분위기여서 배당수익률 기대에 따른 추가적인 밸류에이션 가감은 가능해질 수 있을 것으로 판단된다. 그럼에도 불구하고 은행의 PBR 밸류에이션은 장부가치인 1.0배를 상회하기 어려울 것으로 보인다. 이는 자본비용보다 은행이 창출하는 ROE가 낮아 주주 입장에서 은행의 장부가치를 100% 인정하기 어렵기 때문이다.

Fig 50

신한지주의 주가와 시가총액 추이

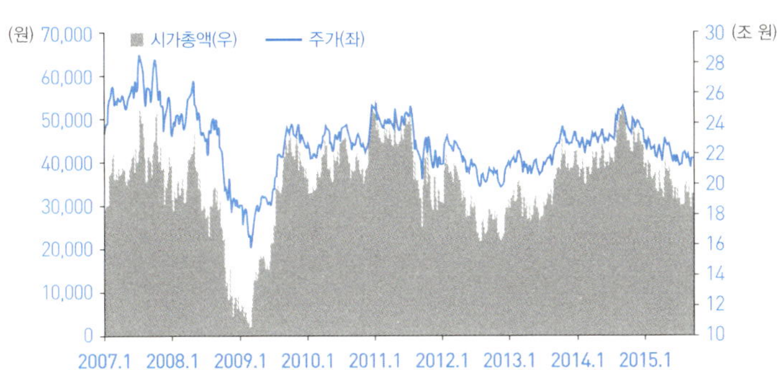

자료: Dataguide

Fig 51

신한지주와 KB금융의 PBR

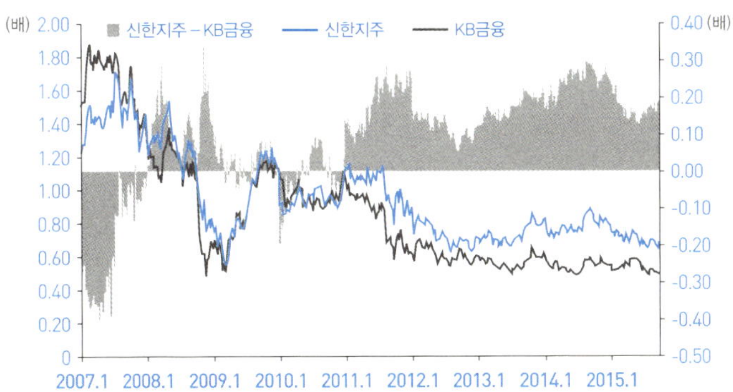

자료: Dataguide

재무관련 주요 추이를 정리해봅시다.

재무 관련 내용과 관련해서는 은행의 순이익 변동성이 큰 관계로 PER보다는 PBR 지표를 활용한다는 점, 정부의 대출금리 규제 영향 등으로 순이자마진은 지속적으로 악화하고 있다는 점, 자기자본이익률 측면에서 국내 은행들은 성숙기에 접어들었다는 점 정도만 인식해두면 무난합니다. 다만, 재무 파트 지원자라면 본문의 내용을 토대로 보다 구체적인 통계치와 추이에 대한 이해도를 갖출 필요가 있을 것 같습니다. 시간적 여유가 있다면 신한금융지주 홈페이지에 들어가서 사업보고서와 IR관련 보도자료를 꼭 챙겨보기 바랍니다.

신한은행

문화:
1등 금융사,
'신한이 하면 다르다'

신한금융의 브랜드를 가치 있게 만든 것은 학연, 지연을 경계하며 만든 '신한인'이라는 공동체 의식입니다. 이 공동체 의식이 단합된 기업문화를 형성했습니다. 그리고 '따뜻한 금융'이라는 기치 아래 고객에게 먼저 다가서는 친절한 서비스 정신을 강조한 것이 '1등 브랜드 신한' 형성에 중요한 밑거름이 되었다고 할 수 있습니다.

01

대한민국
1등 금융회사가 되기까지

신한은행은 1982년 7월 재일동포 주주 341명이 출자하여 설립되었고, 1989년 11월 유가증권시장에 상장되었다. 설립 당시 지점의 수는 4개, 총 직원 수는 280명에 불과했으며, 자본금은 시중 은행의 4분의 1 수준이었다.

당시 신한은행의 설립 배경은 다음과 같다. 1980년대 초 정부는 우리나라 금융시장이 일본과 중국을 아우르는 '동북아 금융의 중심'이 되기를 계획했다. 이 과정에서 선진 금융기법을 도입하기 위해 미국과 일본의 금융시스템을 수입하기로 결정하였다. 한국씨티은행의 전신인 한미은행이 Bank of America와 합작한 '한국-미국 은행'으로 설립되었고, 신한은행은 재일교포의 자본과 인력을 통해 설립되었다. 당시 오사카 지역을 중심으로 거주하면서 경제적으로 성공을 이룬 재일교포들이 자금을 모아 자본금을 마련하여 신한은행을 설립한 것이다.

1982.07	신한은행 창립
1985.08	동화증권을 인수해 신한증권으로 상장
1989.11	신한은행 상장
1998.08	동화은행 인수
2001.09	신한금융지주 설립
2002.04	굿모닝증권 인수
2002.05	제주은행 자회사 편입
2002.10	신한BNP파리바 투신운용 출범
2003.08	예금보험공사로부터 조흥은행 지분 80.04% 인수
2003.09	뉴욕증권거래소 상장
2004.06	조흥은행 완전자회사 편입
2004.12	굿모닝신한증권 완전자회사 편입
2005.12	신한생명보험 완전자회사 편입
2007.03	LG카드 자회사 편입
2009.03	신한금융지주 1.3조 원 유상증자
2009.08	굿모닝신한증권 상호를 신한금융투자로 변경
2009.10	신한베트남 은행 손자회사 편입
2011.12	신한저축은행 자회사 편입

자료: 신한금융그룹

설립 초기 주로 소매여신과 중소기업여신을 중심으로 영업을 해오면서 내실을 다지고 있다가 IMF 당시 부실기관으로 지정된 동화은행, 제주은행, 조흥은행을 인수하여 대형화에 성공하고, 굿모닝신한증권, LG카드 등의 비은행 자회사를 인수하여 사업의 다각화에도 성공하였다. 지금은 자산규모, 수익성, 자산건전성, 은행과 비은행의 균형 등 모든 부문에서 한국을 대표하는 1등 금융회사가 되었다.

02

'신한인' 이라는
공동체 의식의 기업문화

신한금융지주의 브랜드 가치를 한마디로 표현하면 '금융계의 삼성'으로 요약할 수 있다. 그만큼 금융계에서는 한국을 대표하고 있다고 해도 과언이 아니다. 과거 '삼성이 만들면 다릅니다'라는 캐치프레이즈와 마찬가지로 금융업계에서는 '신한이 만들면 다르다'라는 말이 통할 정도다.

고객에게 먼저 다가서다

이러한 신한금융지주 브랜드를 가치 있게 만든 것은 후발 업체로서 경쟁 은행보다 빠르게 성장하기 위해 만들어진 단합된 기업문화라고 할 수 있다. 신한은행이 설립된 당시에는 은행 문턱이 지금보다 높았다. 기업이든 가계든 은행과 거래를 시작하는 것이 쉽지 않았다. 이때 신한은행은 다른 은행과 달리 고객 중심의 경영을 위해 고객에게 먼저 다가가는 공격적인 영업을 시작했고, 이런 점이 신한은행의 초기 성장동력이 될 수 있었다.

과거 언론에 소개된 사례를 적어보면 다음과 같다.

"신한은행의 경우, 창립 초기부터 '고객을 위한 대한민국 최고의 은행이 되겠다'는 분명한 비전을 가지고 시작했다. 1980년대 당시, 은행은 하나의 준국가기관처럼 인식되고 있었고, 일반인들에게 그 문턱은 높았다. 은행은 고객을 골라가며 영업을 했고, 고객이 무엇을 원하는지에 대해서는 아무 관심도 없었던 시절이었다. 그러나 신한은행은 달랐다. 고객이 은행의 존재 이유라는 사실을 분명히 인식한 것이다. '고객들이 정말로 거래하고 싶은 은행을 만들자'라는 슬로건을 정하고, 기존 시중 은행과의 차별화 전략을 모색했다. 그 출발점이 친절이었다. 그때까지는 은행에서 고객에게 인사하는 것을 찾아보기 힘들었지만, 신한은행원들은 창구에서 기립해서 고객응대를 했다. 초창기에는 이런 은행 분위기에 익숙치 않은 고객들이 들어오다가 놀라서 그냥 나가버리는 일이 상당히 많았다고 한다. 창구나 길거리에서 인사를 하면 고객들이 놀라 뒤를 돌아보기 일쑤였고, 다른 은행 직원들은 '은행원 망신을 시킨다'며 손가락질하곤 했다."

이렇듯 신한은행은 소수정예, 영업 우선, 직급별 인력구성 합리화를 조직의 기본 원칙으로 정하고, 영업 중심의 조직을 구성해 기존 은행

시장을 파고들어가는 저돌적 경영을 해왔다.

또한 신한은 창립 초기부터 사조직을 철저히 경계해왔다. 설립 당시부터 동창회를 금지시키고, 채용하는 경력사원의 수를 직급에 따라 학교별·전직 은행별로 인원수를 맞추는 등 철저히 견제와 균형의 원리를 적용했다. 대신 조직 내의 상하간·동료간 모임은 장려하면서 '신한인'이란 공동체 의식을 심어나갔다. 이러한 조직적인 문화는 수많은 인수합병을 거쳐오며 '화학적 결합'이라는 커다란 성과를 가져왔고, 공동체 의식을 가지고 끊임없이 성장한 비결이 되었다.

변화와 혁신을 추구하다

신한의 또 다른 문화는 '항상 새로운 변화와 혁신을 추구한다'라는 것이다. 가장 대표적인 예가 업무 프로세스 측면에서 국내 최초로 도입한 로우 코너(Low corner, 상담 창구)와 하이 카운터(High counter, 입출금 및 공과금 창구) 제도 등이다. 이는 각기 다른 목적을 가지고 은행을 찾는 고객들을 세분화하여 고객의 대기시간을 최대한 단축하는 한편, 소요 인원을 최소화해서 업무효율성 제고의 이중적 효과를 가져왔다. 지금이야 모든 은행에서 로우 코너와 하이 카운터를 분리해서 운영하고 있지만, 당시로서는 획기적인 혁신이었다. 또한 최근에는 신한은행이 은행권 최초로 자동차할부 상품을 내놓는 등 상품의 혁신도 꾸준히 이루어지고 있다.

이러한 신한의 문화는 불과 30년 만에 한국을 대표하는 은행으로 자리 잡았고, 지금은 다양한 국가로의 해외진출을 통해 글로벌 선진 은행으로 거듭나고자 노력하고 있다.

멘토의 Tip ⑱   **'따뜻한 금융'에 대한 자신만의 생각 정리하기**

'따뜻한 금융'에 대해 각자의 생각을 정리해봅시다.

기업문화 부분은 은행 입사 전략을 세우는 데 특히 중요합니다. 은행이야말로 철저히 서비스업이며, 경쟁사들 간 유사한 상품과 서비스 제공 프레임을 갖고 있어 창구 직원들의 서비스 마인드와 실천이야말로 차별화의 핵심 포인트이기 때문입니다. 따라서 신한은행뿐만 아니라 대다수 은행들은 '기업의 고유문화를 제대로 이해하고 이를 실천할 수 있는 사람인가'를 채용과정에서 섬세하게 체크하려는 경향이 강합니다. 신한은행을 떠올리면 '친절', '인사' 등의 단어가 함께 떠오릅니다. 이와 더불어 '따뜻한 금융'이라는 슬로건에 대해서도 심도 있는 고민이 필요합니다. 남대문 앞 신한은행 본사 건물에는 '미래를 함께 하는 따뜻한 금융'이라는 표현이 가로로 새겨진 큰 천막이 걸려 있습니다. 여러분은 과연 이 시점에서 신한은행이 왜 '따뜻한 금융'을 기치로 내걸고 있다고 생각하나요? 정답은 없지만 다양한 측면에서 각자 구체적인 생각을 해보셨으면 좋겠습니다. 면접에서 "'따뜻한 금융'이라는 단어를 들었을 때 어떤 생각이 들던가요?" 같은 질문에 어떤 흥미로운 대답을 내놓을 수 있도록 말입니다.

가능하다면 신한은행에서 발간하는 사보 정도는 잘 챙겨보면 좋겠습니다. 일차적으로는 국립도서관 정기간행물실에서 확인하는 방법이 있겠습니다. 이것이 여의치 않으면 '신한은행 따뜻한 금융'을 키워드로 관련 보도자료나 인터뷰 내용을 세밀하게 탐색해보기 바랍니다. 중요한 점은 내용을 읽되 자신만의 시각으로 만들어보려는 노력입니다. 완성도는 다소 떨어지더라도 따뜻한 금융을 추구한다는 것이 고객에게 어떤 구체적인 가치를 제공하려는 것인지, 그리고 그런 노력이 왜 지금의 금융 비즈니스 환경에서 요구되는지 등의 관점에서 다양한 자료들을 찾아보면서 고민해보는 겁니다.

03

은행 업계
용어들

이자부 자산: 이자이익을 창출하는 자산으로 대출채권, 신용카드 채권, 유가증권 등이 있음.

순이자마진(Net Interest Margin, NIM)**:** 이자부 자산의 단위당 이자이익으로 이자이익(이자수익−이자비용)을 이자부 자산으로 나눠서 산출함.

저원가성 예금(Low Cost Funding, LCF)**:** 보통주 예금처럼 이자율이 매우 낮은 예금을 의미하며 보통은 수시입출식 예금과 같은 의미로 사용함.

자산건전성(Asset Quality)**:** 대출자산의 부실상태 여부를 확인하는 것으로 연체율 및 고정이하여신 비율이 사용됨.

연체율: 1개월 이상 원리금을 연체하는 여신의 비율

고정이하여신 비율: 연체, 부도, 워크아웃, 법정관리 등 신용 관련 이벤트가 생겨 부실이 발생했다고 판단되는 여신은 5개의 자산건전성 기준으로 다음과 같이 분류됨. 정상, 요주의, 고정, 회수의문, 추정손실이며,

여기서 고정, 회수의문, 추정손실의 여신을 고정이하여신이라 함.

대손비용률(Credit Cost): 총대출(총자산) 대비 대손충당금의 비율

워크아웃: 기업이 도산 등을 피하기 위해 금융기관(채권단 금융기관)의 지원을 받아 진행하는 기업개선작업을 의미함. 일반적으로 부채상환 유예, 출자전환을 통한 부채를 일부 탕감해주고 기업에 자산매각 등 고강도 구조조정을 요구함.

법정관리: 법정관리는 부도·파산 위기에 놓인 기업이 법원에 신청하여 회생을 모색하는 제도임. 워크아웃이 금융기관 주도로 이루어지는 것과 달리 법정관리는 법원 주도로 진행됨. 법원이 회생 가능성이 있다고 판단해 법정관리를 결정하면 모든 채무는 동결되고, 법원이 지정한 법정관리인이 기업을 관리하게 됨.

BIS 비율(BIS ratio): 바젤위원회에서 결정된 자본적정성 관리 지표임. 은행이 직면하고 있는 3가지 위험(신용리스크, 시장리스크, 운영리스크) 대비 일정 수준의 자본을 유지하게 해 리스크가 발생했을 때 이를 감내할 수 있도록 하는 것이 목적임.

충당금적립전이익(Pre-provisioning Operating Profit): 대손충당금 적립하기 전의 이익을 의미하며 산술식은 '순이자이익＋비이자이익－판관비'임.

바로취업 시리즈 ⑫